蘇民峰

風水謬誤與基本知識

圓方出版社

作者簡介

長髮，生於一九六〇年，人稱現代賴布衣，對風水命理等術數有獨特之個人見解。憑着天賦之聰敏及與術數的緣分，對於風水命理之判斷既快且準，往往一針見血，疑難盡釋。

以下是蘇民峰這四十年之簡介：

八三年 開始業餘性質會客以汲取實際經驗。

八六年 正式開班施教，包括面相、掌相及八字命理。

八七年 毅然拋開一切，隻身前往西藏達半年之久。期間曾遊歷西藏佛教聖地「神山」、「聖湖」，並深入西藏各處作實地體驗，對日後人生之看法實跨進一大步。回港後開設多間店舖（石頭店），售賣西藏密教法器及日常用品予有緣人士，又於店內以半職業形式為各界人士看風水命理。

八八年 夏天受聘往北歐勘察風水，足跡遍達瑞典、挪威、丹麥及南歐之西班牙，隨後再受聘往加拿大等地勘察。同年接受《繽紛雜誌》訪問。

八九年 再度前往美加，為當地華人服務，期間更多次前往新加坡、日本，以至台灣地區等。同年接受《城市周刊》訪問。

九〇年 夏冬兩次前往美加勘察，更多次前往台灣地區，又接受當地之《翡翠雜誌》、《生活報》等多本雜誌訪問。同年授予三名入室弟子蘇派風水。

九一年 續去美加，以至台灣地區勘察。是年接受《快報》、亞洲電視及英國BBC國家電視台訪問。所有訪問皆詳述風水命理對人生的影響，目的為使讀者及觀眾能以正確態度去面對人生。同年又出版了「現代賴布衣手記之風水入門」錄影帶，以滿足對風水命理有研究興趣之讀者。

九二年 續去美加及東南亞各地勘察風水，同年BBC之訪問於英文電視台及衛星電視「出位旅程」播出。此年正式開班教授蘇派風水。

九四年 首次前往南半球之澳洲勘察，研究澳洲計算八字的方法與北半球是否不同。同年接受兩本玄學雜誌《奇聞》及《傳奇》之訪問。是年創出寒熱命論。

九五年 再度發行「風水入門」之錄影帶。同年接受《星島日報》及《星島晚報》之訪問。

九六年 受聘前往澳洲、三藩市、夏威夷及東南亞等地勘察風水。同年接受《凸周刊》、《壹本便利》、《優閣雜誌》及美聯社、英國MTV電視節目之訪問。是年正式將寒熱命論授予學生。

九七年 首次前往南非勘察當地風水形勢。同年接受日本NHK電視台、丹麥電視台、《置業家居》、《投資理財》及《成報》之訪問。同年創出風水之五行化動土局。

九八年 首次前往意大利及英國勘察。同年接受《TVB周刊》、《B International》、《壹週刊》等雜誌之訪問，並應邀前往有線電視、新城電台、商業電台作嘉賓。

九九年 再次前往歐洲勘察，同年接受《壹週刊》、《東周刊》、《太陽報》及無數雜誌、報章訪問，同時應邀往商台及各大電視台作嘉賓及主持。此年推出首部著作，名為《蘇民峰觀相知人》，並首次推出風水鑽飾之「五行之飾」、「陰陽」、「天圓地方」系列，另多次接受雜誌進行有關鑽飾系列之訪問。

二千年 再次前往歐洲、美國勘察風水，並首次前往紐約，同年masterso.com網站正式成立，並接受多本雜誌訪問關於網站之內容形式，及接受校園雜誌《Varsity》、日本之《Marie Claire》、復康力量出版之《香港100個叻人》、《君子》、《明報》等雜誌報章作個人訪問。同年首次推出第一部風水著作《蘇民峰風生水起（巒頭篇）》、第一部流年運程書《蛇年運程》及再次推出新一系列關於風水之五行鑽飾，並應無綫電視、商業電台、新城電台作嘉賓主持。

○一年 再次前往歐洲勘察風水，同年接受《南華早報》、《忽然一週》、《蘋果日報》、日本雜誌《花時間》、NHK電視台、關西電視台及《讀賣新聞》之訪問，以及應紐約華語電台邀請作玄學節目嘉賓主持。同年再次推出第二部風水著作《蘇民峰風生水起（理氣篇）》及《馬年運程》。

○二年 再一次前往歐洲及紐約勘察風水。續應紐約華語電台邀請作玄學節目嘉賓主持，及應邀往香港電台作嘉賓主持。是年出版《蘇民峰玄學錦囊（相掌篇）》、《蘇民峰八字論命》、《蘇民峰玄學錦囊（姓名篇）》。同年接受《3週刊》、《家週刊》、《快週刊》及日本的《讀賣新聞》之訪問。

○三年 再次前往歐洲勘察風水，並首次前往荷蘭，續應紐約華語電台邀請作玄學節目嘉賓主持。同年接受《星島日報》、《東方日報》、《成報》、《太陽報》、《壹週刊》、《壹本便利》、《蘋果日報》、《新假期》、《文匯報》、《自主空間》之訪問，及出版《蘇民峰玄學錦囊（風水天書）》與漫畫《蘇民峰傳奇1》。

○四年 再次前往西班牙、荷蘭、歐洲勘察風水，續應紐約華語電台邀請作風水節目嘉賓主持，及應有線電視、華娛電視之邀請作其節目嘉賓，同年接受《新假期》、《MAXIM》、《壹週刊》、《太陽報》、《東方日報》、《星島日報》、《成報》、《經濟日報》、《快週刊》、《Hong Kong Tatler》之訪問，及出版《蘇民峰之生活玄機點滴》、漫畫《蘇民峰傳奇2》、《家宅風水基本法》、《The Essential Face Reading》、《The Enjoyment of Face Reading and Palmistry》、《Feng Shui by Observation》及《Feng Shui — A Guide to Daily Applications》。

〇五年始 應邀為無綫電視、有線電視、亞洲電視、商業電台、日本NHK電視台作嘉賓或主持，同時接受不同雜誌訪問，並出版《觀掌知心（入門篇）》、《中國掌相》、《八字萬年曆》、《八字入門捉用神》、《八字進階論格局看行運》、《生活風水點滴》、《風生水起（商業篇）》、《如何選擇風水屋》、《談情說相》、《峰狂遊世界》、《瘋蘇Blog Blog趣》、《師傅開飯》、《蘇民峰美食遊蹤》、《蘇民峰 • Lilian蜜蜜煮》、《A Complete Guide to Feng Shui》、《Practical Face Reading & Palmistry》、《Feng Shui— a Key to Prosperous Business》、五行化動土局套裝、《相學全集一至四》、《八字秘法（全集）》、《簡易改名法》、《八字筆記（全集）》、《蘇語錄與實用面相》、《中國掌相》、《風水謬誤與基本知識》等。

蘇民峰顧問有限公司
電話：2780 3675
傳真：2780 1489
網址：www.masterso.com
預約時間：星期一至五（下午二時至七時）

自序

本來上一本《如何選擇風水屋》後已不打算再寫風水書了，唯近年內地突興起一派只看巒頭而不用看理氣的風水，而且上一個短期課程，便可以成為風水大師。因此吸引了很多急功近利之徒從此途徑而晉身成為風水師，這唯恐誤己誤人。

至此，使我不得再多寫一本書去杜絕這些謬誤。巒頭可以斷事，這是一定的，筆者在很多書中也有論述。唯巒頭為靜，而理氣為動，動靜加起來才是一套完整的風水，故只看巒頭而不懂理氣，這只能說學會一部分風水而矣，而不是全部，更遑論能晉升為師父。其實，不單止是風水、易學，每一種學問都是沒有捷徑的，如不下些功夫，能登其堂奧者幾希矣。

蘇民峰

引言

一命二運三風水四積陰德五讀書

命

落地喊三聲，好醜命生成。信也好，不信也好，每個人有各自不同的命，娃娃呱呱落地時從吸氣的一剎那，便受當時的星宿影響，命便是這樣定下來的。

運

命與運是共同體，出生剎那，一生運程順逆的軌跡已經排好，所能做的便只有順時宜攻，逆時宜守，這樣生活自然過得較為輕鬆。如不懂攻守，很多時會浪費了佳運而迎上了逆運，錯失時機。

風水

風水如土壤，種子栽種到對的地方，可以茁壯生長、枝繁葉茂；栽種到不對的地方，即使不枯萎也會枝葉凋零。

具體例子，如命中傷官、七殺、羊刃，生於經濟活躍、事事要靠自己努力才能出頭的地方，可說是如魚得水；若生於保守社會，事事論資排輩，要靠打關係、客客氣氣的城市，便無用武之地，相反如命中正官、食神、正印便很適合。故風水除了一般人所知的陰宅、陽宅以外，地區、國家、民情原來也是風水所指，故宏觀而論，風水是你與地球的聯繫。

陰德

即心善、做好事、助人。但筆者有時會被客人問，他常做好事，又常常助人，為甚麼運氣仍然是那麼差呢？問這問題的人本身已經有問題，因為他做好事、幫人時已懷着一個要有好報的心，這與做生意又有何異呢？況且做生意也不一定能成功、賺大錢。其實，幫人最好是懷着善心，從心而出不求回報，也不要想善一定有回報，要出於便利人的心，至於回報，是你不一定看到的。

讀書

這個最實在，人皆盡知的，尤其在落後貧窮的地方，這更是唯一的出路。讀書能改變生活，提升生活條件，唯這與成功與否無關，否則，世上富豪應該都是博士了。記着，讀書是生活及工作的起點，起點好不一定成就好，起點差不一定一生潦倒，其他的影響還有命、運、風水、積德。

目錄

第一章

基本知識篇

論陰陽

陰陽二氣，萬物皆不離陰陽，風水亦如是，空氣為陽，地氣實物為陰，最重者為平衡。

陽氣——乘風則散，遇空而竄。

陰氣——實物傳導，界水即止。

陰陽二氣最要平衡，陽氣過重則易生意外，如十字路口中、彎曲的高速公路、孤高無依傍的樓宇，丁字路等等。

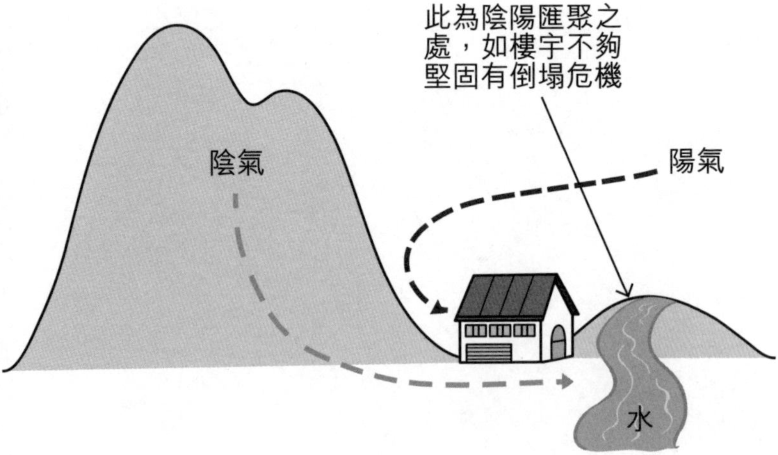

此為陰陽匯聚之處，如樓宇不夠堅固有倒塌危機
陰氣
陽氣
水

陰氣過重則人易生悲觀負面情緒，如掘頭巷、低窪地帶、被高山包圍、獨低矮而周遭是高樓大廈等，如做生意於陰地，亦只能做些別人專誠上門光顧的熟客生意，否則，關門的機會甚大。

街之陰陽

即使一條旺盛的街道，很多時候也會一邊旺而另一邊差或人流較少，故尋找適合自己的商舖時亦要留意這點。

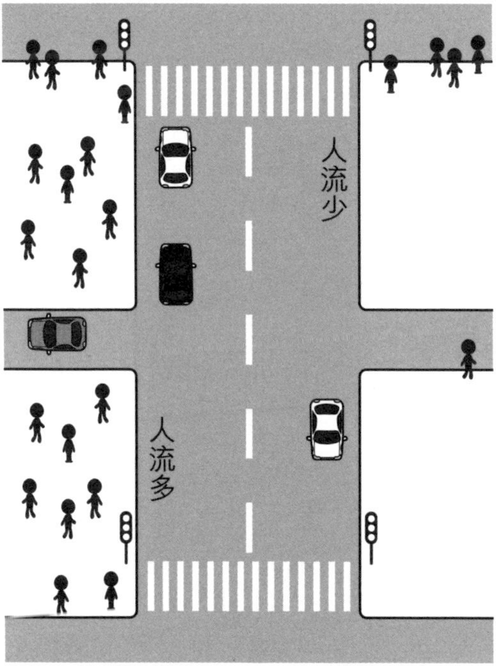

陽街陰舖

在旺街上如果對面是公園又或者並沒有店舖相對，那一段也算是陰地，一般人流不多，生意亦較難做，只適宜做一些熟客光顧的行業。

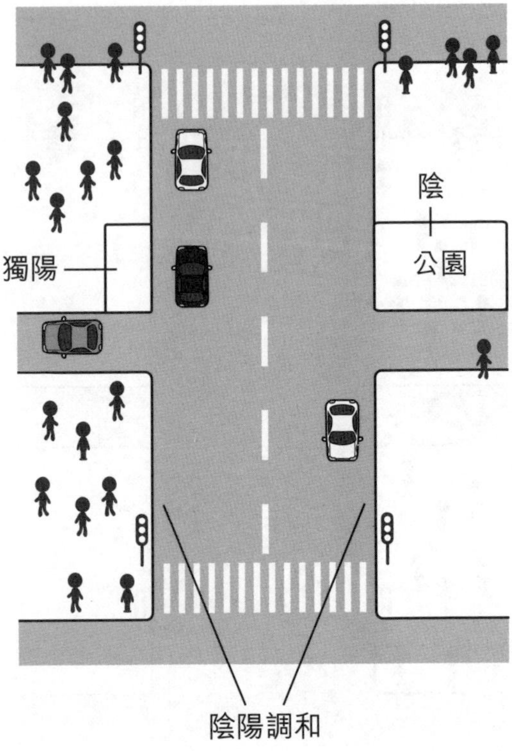

萬物皆有陰陽

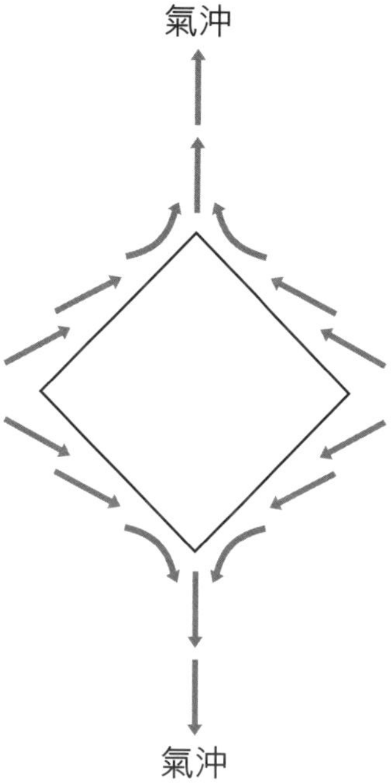
氣沖
氣沖

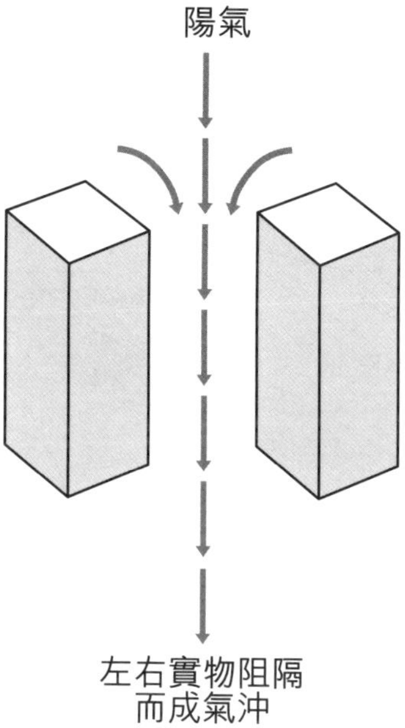
陽氣
左右實物阻隔
而成氣沖

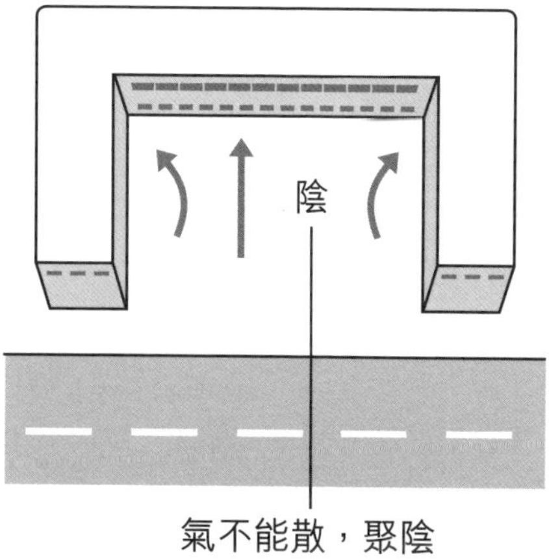
陰
氣不能散，聚陰

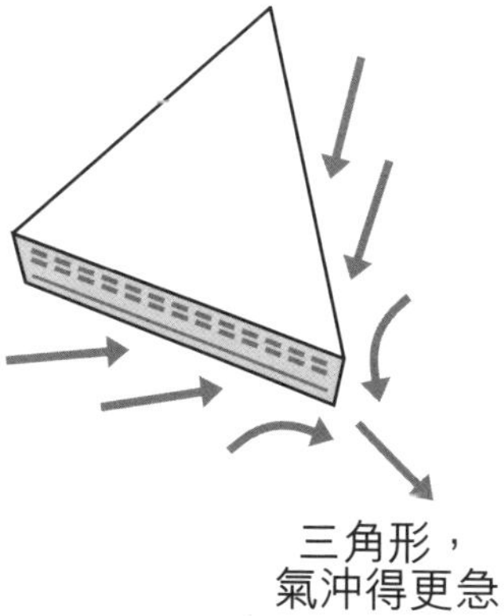
三角形，
氣沖得更急

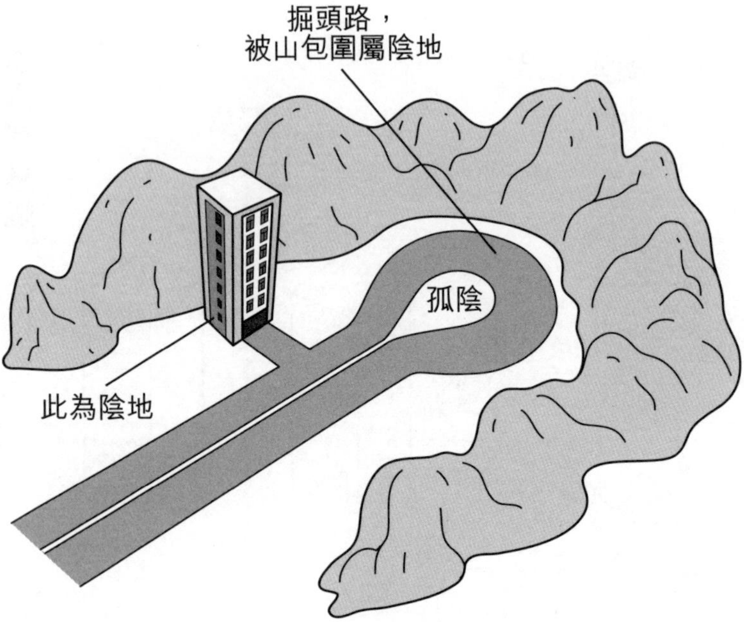
掘頭路，
被山包圍屬陰地
孤陰
此為陰地

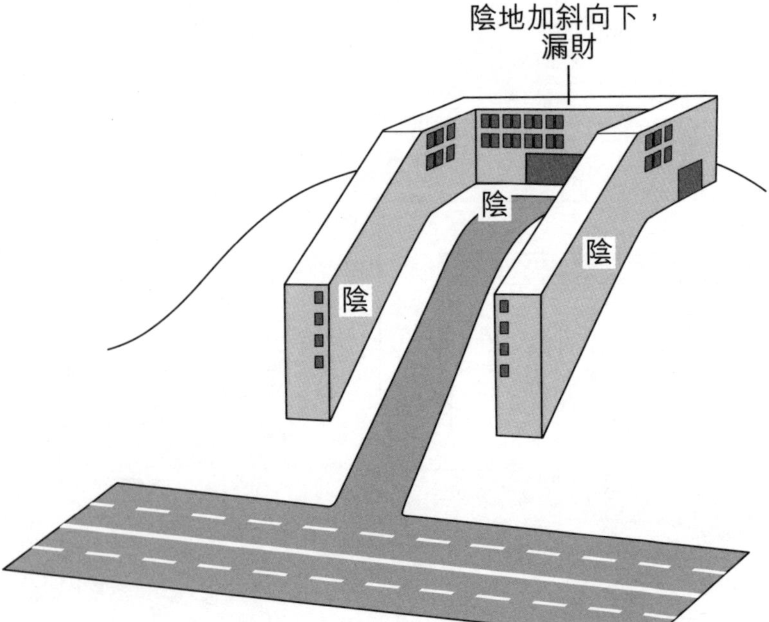
陰地加斜向下，
漏財
陰
陰
陰

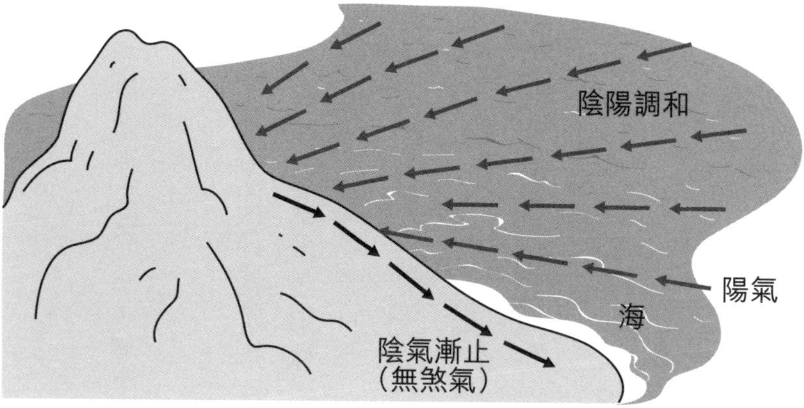
陰陽調和
陽氣
海
陰氣漸止
(無煞氣)

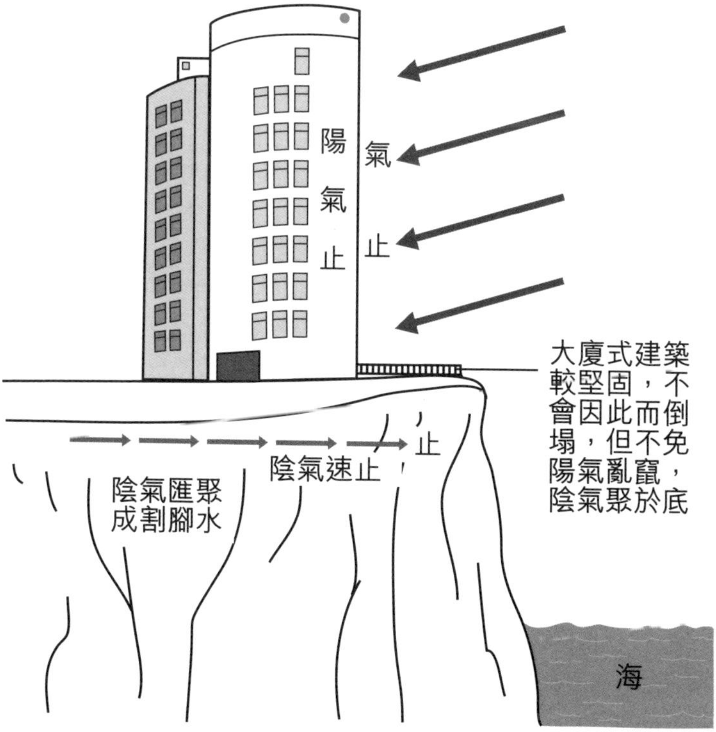
陽氣止
氣
止
大廈式建築
較堅固，不
會因此而倒
塌，但不免
陽氣亂竄，
陰氣聚於底
止
陰氣速止
陰氣匯聚
成割腳水
海

孤陰

所謂孤陰不生，獨陽不長，除了做生意、零售行業適合陽地，別人專誠找上門的可在陰地。

住宅方面亦要特別注意，如建築物所在地為陰地，必不利身體與感情，除非是女性又或者是退休的老人，住於陰地才不太受影響，有時甚至有幫助。而一般男性或者剛陽的人，住在陰地為恐受壓而不利運程與身體。而夫婦住於陰地，亦不利雙方感情，古時還會出現女尊男卑的情況。

而遇陽如山頂或崖邊近海或獨幢孤高的樓宇，都容易有過陽之象，即使運氣強盛，壓得住陽氣，但也不利感情及居住在裏面的人性情容易變為急躁。

巒頭、理氣

巒頭理氣

古重巒頭，今重理氣；鄉郊重巒頭，城市重理氣；低矮建築物重巒頭，高聳建築物重理氣；原格局巒頭理氣並重，計算流年吉凶時更則重理氣，故巒頭理氣各有其用，缺一不可。

風水學上早有「巒頭無假，理氣無真」之説，雖巒頭有一定法則，但術有高低、眼力不同，有些人一看便心領神會，有些人一生尋尋覓覓終身也在迷霧之中。所以即使只看巒頭，也會因眼力不同而出現謬誤。更甚者，古代陽宅流傳下來的巒頭法則，在現代社會很多已不能用，如仍標榜，祖傳下來，四五十年代甚至過百年之名師獨傳，用這古代法則去判斷現代陽宅，不錯漏百出才怪。反而理氣則無大轉變，仍然沿用古代流傳下來的法則，但是用在現代陽宅、高樓大廈時也要重新驗證而矣。唯其法也不外乎：八宅、飛星、三合，玄空等。

有理氣無形煞不驗，有形煞無理氣不驗，必需形氣兼備方驗

看風水必然要形理兼備，互相配合，若只以形煞或理氣去判事則必然有遺漏，唯有些學者專攻形煞、巒頭，甚至提倡只用巒頭靠雙眼去判斷便可，更引用一大堆例子來說明，但先不說其例子真實應驗與否，因其例子一般都是看街道或獨幢小房子或小型建築物，與現代社會大多數人居住在大廈內，其例子或理據全用不上，除非是居住於鄉郊或比較落後的城市，但其實巒頭只是風水學的一半，如不懂理氣，根本不能判斷每年宅運，每二十年之地運及其屋宅坐向的吉凶，如果在一間坐向損財傷丁的屋宅，不管巒頭如何配合，居住在裏面的人也不會有好效果，故巒頭理氣一定要兼看才能準確去判斷。

相反，有些人只重理氣，不重巒頭，把理氣研究得出神入化，理論滔滔，但這也無用的，即使二五疊臨損主重病，但如無外局形煞、動土或氣動，而二五位是一塊牆壁，沒有氣動，即使二五疊臨其煞氣也不重，其他如三七穿心煞，二三鬥牛煞得亦然。而吉方也一樣，如四綠文昌位外沒有尖塔、高樓，脫煞之

煙囪、電塔等，其力也不顯，其他如六八、一四等亦然。

故總的來說，很多時外在有煞氣，必待至流年在煞氣方被凶星引動才會出現嚴重應事問題；相反，屋中的二三、六七、二五、七三等凶星組合，亦會因外面出現壞巒頭才會產生嚴重後果，而外巒頭最大的壞影響莫過於動土、起樓、拆卸、掘地等等之大動土工程。

太極與八卦

太極八卦

無極生太極，太極生兩儀，兩儀生四象，四象生八卦，四象亦化為五行四時。

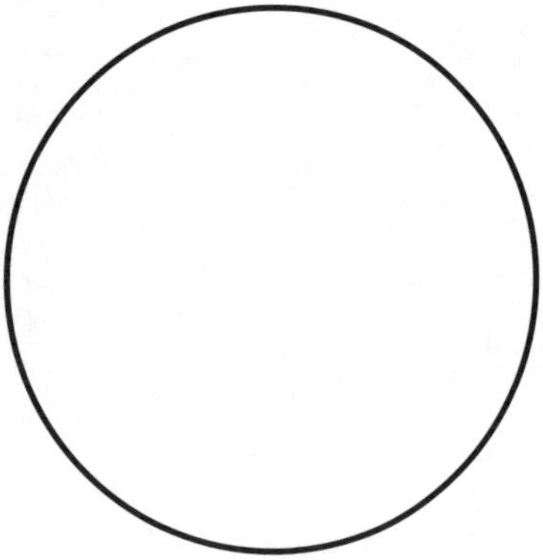

無極

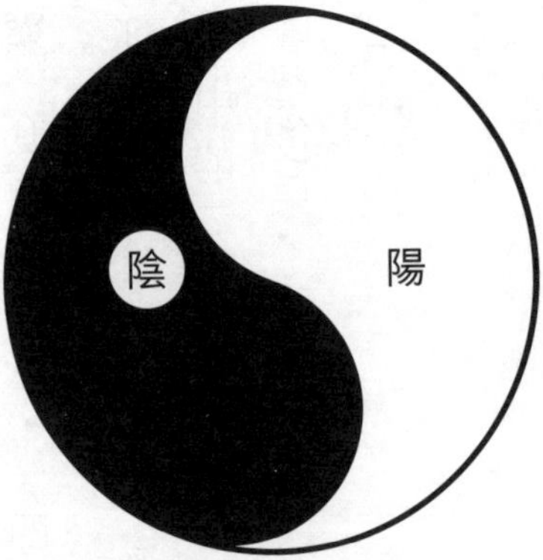

太極生兩儀

太極

兩儀生四象

四象生八卦，四象中分陰陽而成八卦：

陰				陽			
太陰		少陽		少陰		太陽	
坤	艮	坎	巽	震	離	兌	乾
☷	☶	☵	☴	☳	☲	☱	☰

四象化為五行四時：

中宮為土，萬物無土不生，故土生萬物以為中宮，亦代表三、六、九、十二這四季月。

太陰	少陰	太陽	少陽	四象／方位 四時 五行
北方	西方	南方	東方	方位
冬季	秋季	夏季	春季	四時
水	金	火	木	五行

八卦配身體部位

八卦配身體部位——這是一般學習易經時的最基本知識。

先天卦——基本知識

乾——「頭」、骨、肺、大腸

兌——「口」、舌、肺、大腸

離——「眼」、心、皮膚、血、小腸

震——「足」、肝、膽

巽——「股」、肝、膽

坎——「耳」、血、腎、膀胱

艮——「手」、背、指、鼻、脾胃

坤——「腹」、脾胃

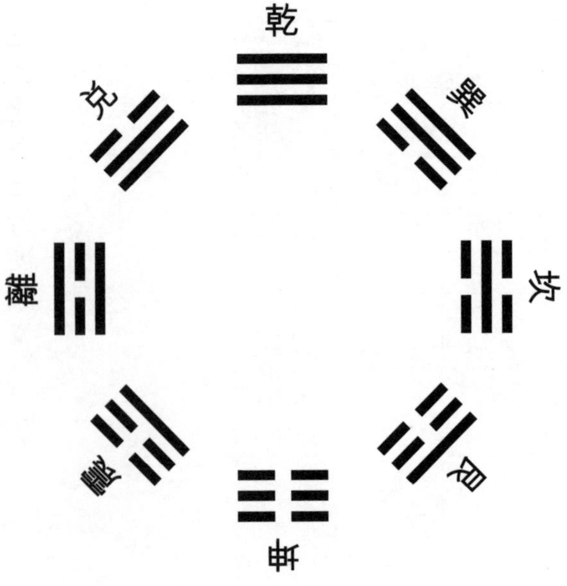

謬誤：台灣很多研習風水命理的師父每每喜歡創新標奇立異，可能或因競爭大，故不得不作此舉，而其創新的想法可說是無所不用其極，每每出人意表，但有用與否，則留待後世去驗證好了，其命理的創新如——

一、冬至換年柱

其理論依據說是王帝時期是從四個甲子開始的，即是甲子年、甲子月、甲子日、甲子時。

不論以前是否真的從四個甲子開始，即使是，但與命理也沒有甚麼關係，因命理經歷代代演變，至宋代徐子平把古代算命用年柱、用五星而轉化為用五行，其改進直至現代仍然以日元為中心，再用其他七個字的五行相比而得出其人之妻財子祿，運途順逆，都是用現代人常用的以立春為一年之始，立春起方換年柱，其驗證亦是從此而來，再去考慮古時是否由四個甲子開始，實與算命風馬牛不相及，絕無意義。

二、不論男女，大運男的順行，女的逆行

真的不知道是哪個天才提出那麼幼稚的想法，這些謬誤只要用三數十個人的八字便可驗證，這些人真的為創新而創新，標奇立異，實際上是想引人注目而矣。

三、身旺住市區，身弱住郊區

這也是那些不學無術之輩，標奇立異之舉而矣，這些小題目也是用三數十人的八字便可驗證。況且，住郊區與市區有時與年紀或成長環境有關，我有很多客人，年紀大了在郊區買一座別墅去渡假，更有些退了休的賣了市區的房子，搬入郊區安享晚年；有些是從小在郊區長大，為了生活而搬往市區，到有能力或退休時，很多都會搬回郊區去。

相反，從小在市區成長、生活的人，不一定適應郊區的生活，但這實在與命理無關。

右肩	頭		左肩
丙	壬	丙	己
午	申	沖 寅	亥
右手 右腳	腳		左手 左腳

四、八字配身體

又有些把八字當作一個身體，那個字受損或受沖，就判斷那個身體部位出現問題。

如以上八字，月日寅申相沖，金剋木，會判斷其左腳容易受損、足折，有時給撞中便會覺得很神奇。

以上八字申寅相沖，金木交戰，金為肺骨，木為肝膽手腳，申寅相沖代表以上部位容易損傷，而根據我的八字秘法記載，寅申相沖，膝蓋容易勞損，很大機會要更換人工關節，但換一個八字，以上情況便不會出現。

頭

庚寅　丙子　沖　庚午　己亥

腳

這八字也是月日時剋相沖，從身體形象論也是代表腳傷，但實際上，子午相沖並不會傷及腳部。雖然月日相沖代表三十至四十歲時易見損傷，但子午相沖一般是手或背之傷，與足部並無關連。

八卦配身體

近年又有人把八卦的排列變成身體部位，其方法可說是從以上八字把身體形象化而演變出來。因為學理較顯淺，意外地有人相信，流行起來。當然，這又是要時間印證其真偽。

這與發明八字配身體的天才同出一轍，只不過這是用在風水方面，風水那個部位受煞，身體那個部位便會出現毛病，理論看似神奇，難怪令一些完不懂風水的門外漢趨之若鶩，如癡如醉，以為風水真的那麼簡單就可以判事，花兩三個月去學習這些硬知識便可以瞬間成為大師。

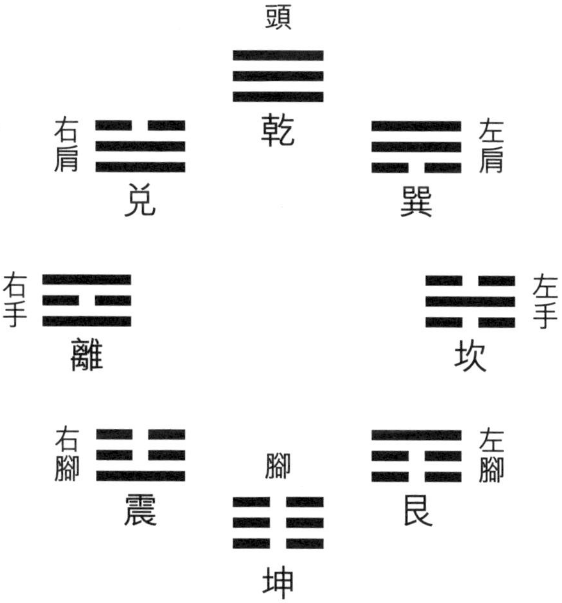

河圖與洛書

河圖

古傳龍馬從黃河出，其背負河圖。河圖之數由一至十，為天地之數，「天一、地二、天三、地四、天五、地六、天七、地八、天九、地十」。此乃生成之數，亦為陰陽相交而生萬物之數；奇數為陽，偶數為陰，其生成之數如下：

「天一生水，地六成之，地二生火，天七成之，天三生木，地八成之，地四生金，天九成之，天五生土，地十成之」。

五、十土居中，因無土則萬物不生，故土居中而生萬物。故一、六共宗，二、七同途，三、八為朋，四、九為友、五、十居中。

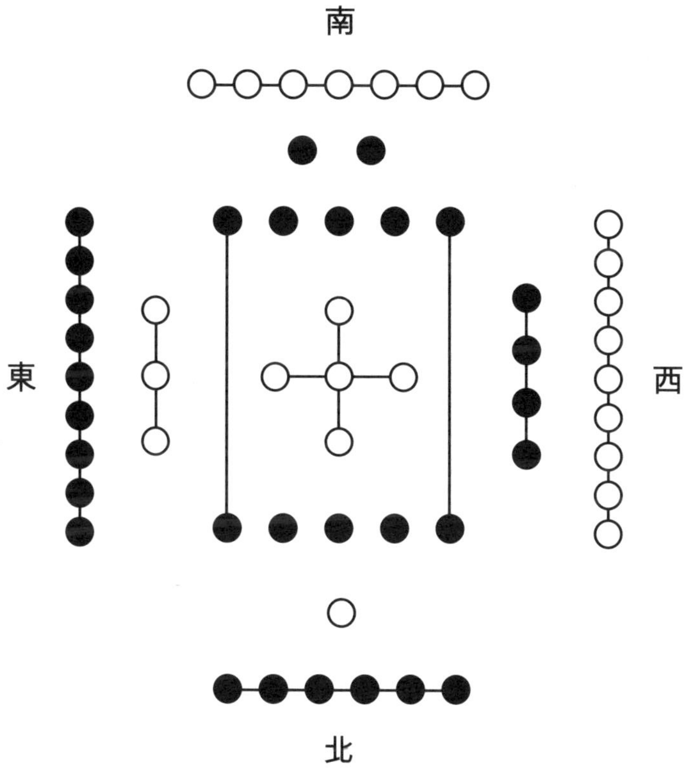
南
東
西
北

洛書

大禹治水時，有神龜出洛水，其背紋顯示圖像，圖像分佈為：「履一載九，左三右七，二四為肩，六八為足，五十居中」。此為合十之數，一九合十，二八合十，三七合十，四六合十，而中五為生成之數，其數上下左右皆為十五，此為元始之數。

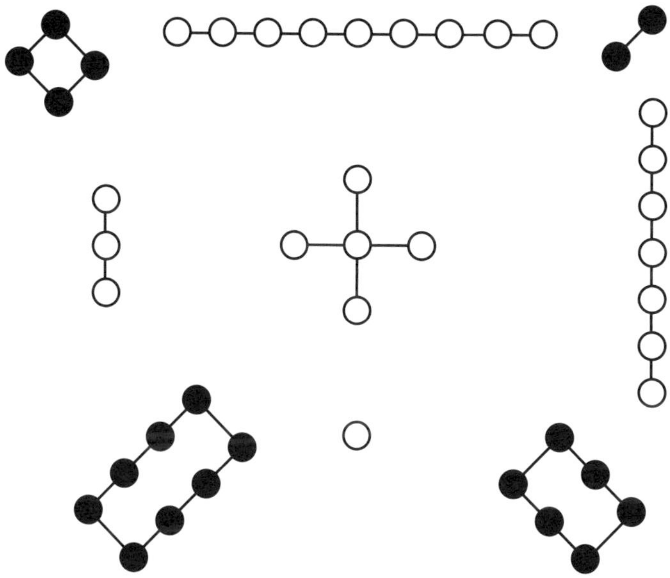

四	九	二
三	五	七
八	一	六

元旦圖

先天卦

先天卦下爻「⚊」為陽，「⚋」為陰，以丑未為陰陽分界線，☴☵☶☷為陰，☰☱☲☳為陽。

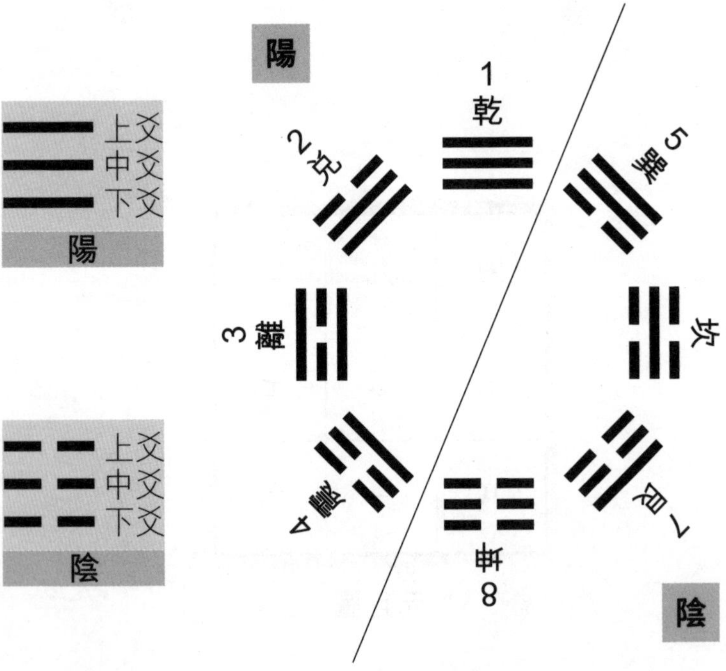

先天卦陰陽相對，其數合九：

「☰」乾卦為1「☷」坤卦為8，其數合九

「☱」兌卦為2「☶」艮卦為7，其數合九

「☲」離卦為3「☵」坎卦為6，其數合九

「☳」震卦為4「☴」巽卦為5，其數合九

乾為天，坤為地——名天地定位

兌為澤，艮為山——名山澤通氣

離為火，坎為水——名水火不相射

震為雷，巽為風——名雷風相薄

後天卦

後天卦以☰乾為父，帶着☳震為長子，☵坎為次子，☶艮為三子，即長男，中男，少男。

☷坤為母，帶着☴巽為長女，☲離為次女，☱兌為三女，即長女，中女，少女，其陰陽分界線為辰戌。

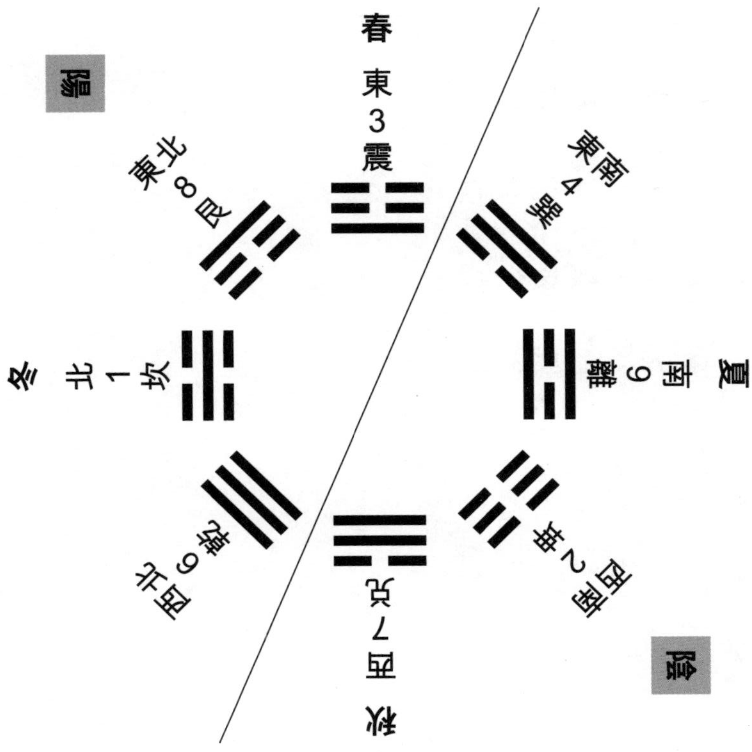

後天卦其數合十：

☲ 離卦為「9」 ☵ 坎卦為「1」—「9」「1」合十

☷ 坤卦為「2」 ☶ 艮卦為「8」—「2」「8」合十

☱ 兌卦為「7」 ☳ 震卦為「3」—「3」「7」合十

☰ 乾卦為「6」 ☴ 巽卦為「4」—「6」「4」合十

其數與「洛書」大數相同，而五暗藏中央以生萬物。

河洛生剋吉凶斷

河圖

一六水——生旺為文秀，為榜首，為材藝聰明，剋煞為淫佚，為寡婦，為溺水，為漂蕩。

二七火——生旺為橫財巨富，為多女，剋煞為吐血，為墮胎難產，為夭亡橫禍。

三八木——生旺為文才，為元魁，為多男，剋煞為少亡，為自縊，為絕嗣。

四九金——生旺為巨富，為好義，為多男，剋煞為刀兵，為孤伶，為自縊。

五十土——生旺為驟發，為多子孫，剋煞為瘟疫，為孤孀，為喪亡。

此層數之大略也，然五行臨間，喜水金木，忌火土，以火土興廢靡常，不耐久長故也。

一六生震巽，旺坎，剋離，煞午。
二七生艮坤，旺離，剋乾兑，煞乾。
三八生離，旺震巽，剋坤艮，煞坤。
仿此推之。

洛書

一白水——為中男，為魁星，生旺少年科甲，名播四海，多生聰明智慧男子。剋煞刑妻，瞎眼，夭亡，飄蕩。
二黑土——為老陰，生旺發田財，旺人丁，不產文士，只應武貴，妻奪夫權，陰謀鄙吝。剋煞，寡婦相傳，產難刑耗，腹疾惡瘡。
三碧木——長男生旺，財祿豐盈，興家創業，貢監成名，長房大旺。剋煞，瘋魔哮喘，殘疾刑妻，是非官訟。

四綠木——為長女，為文昌，生旺，文章名世，科甲聯芳，女子容貌端妍，聯姻貴族。剋煞，瘋哮自縊，婦女淫亂，男子酒色破家，漂流絕滅。

五黃土——為戊己大煞，不論生剋俱凶，宜安靜不宜動作，年神併臨，即損人丁，輕則災病，重則連喪，至五數止，季子昏迷，癡獃孟仲，官訟淆亂。

六白金——為老陽，生旺，威權震世，武職勳貴，巨富多丁，剋煞，刑妻孤獨，寡母守家。

七赤金——為少女，生旺，發財旺丁，武途仕宦，小房發福，剋煞，盜賊離鄉，投軍橫死，牢獄口舌，火災損丁。

八白土——為少男，生旺，孝義忠良，富貴綿遠，小房福洪，剋煞，小口損傷，瘟疫膨脹。

九紫火——為中女，生旺，文章科第，驟至榮顯，中房受蔭，易廢易興，剋煞，吐血瘋癲，目疾產死，回祿官災。

九星與五行

九星所屬五行與基本吉凶

一白水、二黑土、三碧木、四綠木、五黃土、六白金、七赤金、八白土、九紫火。

當中以一、六、八為吉星，四為文曲，六為武曲，九為右弼。

二、五為凶星，災病星，七赤為破軍，賊星，三碧為蚩尤爭鬥星。

口訣

一白貪狼號水神
二黑坤土起巨門
三碧震木祿存星
四綠文昌巽木親
五黃廉貞中宮土
六白武曲屬乾金
七赤破軍金管兌
八白艮土左輔星
九紫右弼離屬火
九宮八卦此中分

		南		
	四	九	二	
東	三	五	七	西
	八	一	六	
		北		

元旦圖

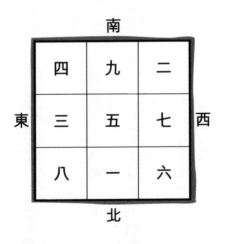

九宮飛星、八宅

九宮飛星之生剋制化

天地之間，不外乎陰陽五行而矣，明乎此，則應用在風水化解方面便可得心應手；不通者，則化簡單為複雜。

其實風水之化解方法，從古至今，都不外乎是生剋制化，吉者生之，凶者剋之，剋我用者制之，或化之。這對懂八字者，顯淺易明，只懂風水者有些可能數學不甚靈光，覺得生剋制化，複雜異常，其實飛星不外乎運星、山星、向星、流年星、流月星，即使再加上時辰也只是多一個流時星而矣，然其數已經盡矣。

而我一般只以流年星為重，流月最多看五黃二黑九紫等有否加重原局流年病星之力，又或者原局二、七、九加上流月三、四會否引致火災，唯其化解方法也不是甚麼難事。

飛星九星五行

一白水、二黑土、三碧木、四綠木、五黃土、六白金、七赤金、八白土、九紫火。一般以一、四、六、八、九為吉星；二、三、五、七為凶星。

一般吉星宜生旺，遇剋則宜制化，凶星一般以化為佳，但無可選擇時亦要制之。以下是化的例子。

化

二黑五黃失運時為病星災星，其五行屬土，而二黑為濕土，用金可以洩之，而五黃為乾土，用金洩之，乾土以脆金，故宜加之以水，使其化為濕土，然後土生金，金生水便可以化之。

曾在電視上見到某風水師説自己每次五黃到睡房，便會搬去別的房去趨避。我心想，如果五黃在大門是否爬窗入屋，五黃在廚房是否把煮食爐搬去客廳，或那年不煮食？況且，香港居住面積狹小，三百呎居室睡四五個人也是常見的，而每年有五黃又有二黑，搬房之舉根本在現實上是行不通的，故遇五黃二黑，化之即可。

- 如遇三碧，為爭鬥蚩尤之星，其五行屬木，可用粉紅色物件化之，之所以不用鮮紅色，是避免加旺爭鬥，因鮮紅為火燥而陽氣最盛之色。
- 如遇七赤破軍星，破軍屬金，可以用水化之。
- 如九七相遇為火剋金，可用土化之使其火生土，土生金，在下元之時還有生財之作用。
- 六遇四雖然皆為吉星，然六遇四為金木交戰，而四為小孩，又為文曲，兩皆不利，故必以水化之使其金生水，水生木，此更有利文昌，而七遇四更凶，更要以水化之。
- 一遇九為一九交戰，水火相交而不利情緒，簡單者可用木化之成水生木，木生火，即使外在有紅牆尖塔，原局已經有一白水，也不怕引致火災。

• 五遇一為土剋水，不利腎、膀胱、泌尿系統，不利中男，簡單者可用金化之，使其土生金，金生水。

制

制方面，對於沒有八字根底的風水師會覺得複雜一點。

• 如二遇三為鬥牛煞，二為土，三為木，如用火去化之，則木生火，火生土，生旺二黑，故只能用金制木洩土，這樣既可以洩弱二黑病符，亦能制住三碧爭鬥之星。

• 如七遇九，失運時七為破軍為賊星，如用土化之，變成火生土，土生金，生旺賊星而招災，這情況下只能用水，水能洩金制火，讓火不剋金，激怒凶星。

制化

• 如七遇三為穿心煞，七為金，三為木，化之者用水。制之者用火，火即粉紅色物件以洩三碧之力亦能制着七赤破軍之凶。

- 六遇七為交劍煞，六七皆屬金，金遇金過剛則折，必用水化之，洩其銳氣，如以火制之則金旺火衰，必為熄滅。
- 二遇五為二五疊臨損主重病，只能以金及水化之，使其土生金，金生水，洩弱五黃二黑之氣，如以木制之，恐激怒旺神，使其勢更凶，此乃衰者剋旺旺者發。

生剋

這則簡單容易，遇吉星當運時可以生之，失運之時可以制之化之。

- 如一白，當運星為官星，失運時為桃花淫蕩，生旺可用金，制之可用土，化之可用木。
- 又如八白財星，可用火生之，而不宜用木去剋，如遇木時有火去洩木生土，使財源更深。

簡而言之，當運之星宜生，失運之星宜制宜化，以上之例子，望讀者能觸類旁通，這樣在應用時必能得心應手。

以下提供五行的化解方法，在應用擺設方面，合乎其五行性質之物便可：

金——天然金屬、銅鈴、舊鎖匙、銅幣、音樂盒，白色、金色、銀色物件。

水——一杯水、水種植物、養魚、水球，總之有天然水氣散發便可，以及黑、灰、藍色物件。

木——植物、木器，當然以植物為先，因其有生命故力量較大，以及青色、綠色物件。

火——電、發光發熱物件，以及紅色、橙色、紫色物件。

土——天然石頭及一切石製品，以及米色、黃色、啡色物件。

正神水、零神水、零正顛倒，三元九運、二元八運之水法

三元九運水法

		南		
	四	九	二	
東	三	五	七	西
	八	一	六	
		北		

上圖為元旦圖，數字為地運，每一數字代表二十年，三元九運共一百八十年為一個循環，以當運星為正神，對宮為零神，正神要見山，零神要見水，撥水入零堂有催財之用，外圍見水有利地區運勢，屋內撥水入零堂則對居住的人財利有助。

三元九運正神零神

一運——正北為正神，正南為零神，利見水

二運——西南為正神，東北為零神，利見水

三運——正東為正神，正西為零神，利見水

四運——東南為正神，西北為零神，利見水

五運——先十年跟四運，後十年跟六運

六運——西北為正神，東南為零神，利見水

七運——正西為正神，正東為零神，利見水

八運——東北為正神，西南為零神，利見水

九運——正南為正神，正北為零神，利見水

三元八運水法

一運—坤☷，一八六四至一八八一年（共十八年）

二運—巽☴，一八八二至一九〇五年（共廿四年）

三運—離☲，一九〇六至一九二九年（共廿四年）

四運—兌☱，一九三〇至一九五三年（共廿四年）

六運—艮☶，一九五四至一九七四年（共廿一年）

七運—坎☵，一九七五至一九九五年（共廿一年）

八運—震☳，一九九六至二〇一六年（共廿一年）

九運—乾☰，二〇一七至二〇四三年（共廿七年）

上元——一、二、三、四運，十八年加廿四年加廿四年加廿四年，共九十年。

下元——六、七、八、九運，廿一年加廿一年加廿一年加廿七年，共九十年。

上下元各九十年，加起來便是一百八十年，這與三元九運飛星之一百八十年為一個循環是相同的。

三元九運每廿年轉一次地運，一般用以陽宅居多。

二元八運一運為父母卦，帶着二、三、四運三子女為江西一片（利西面水）；九為父母卦，帶着六、七、八為江東一卦，利東面水。此外，一、九為南北卦，亦利南北水。

零正顛倒

零正顛倒，聽到此名詞時可能覺得很深奧，說穿了可能覺得原來這麼簡單，這就是古人每喜故弄玄虛，零正顛倒其實就是正神見水，零神見山而不利財丁。如八運正神在東北利見山，零神為西南利見水，故八運東北山西南水為旺山旺水；相反則變成正神下水，零神上山而不利財丁。

二元八運一般用以陰宅計算地運，而地運較陽宅較為綿長，當運時可乘九十年的旺運，失運時亦然。唯南北水為父母卦，可稱之為三元不敗，而不受東西兩面影響，唯這只是理論而矣，因世上無不敗之地運方向。

命宮計算方法（飛星、八宅）

命宮計算方法

命宮表會在「風水合婚」篇（206頁）詳列，這篇提供一個更簡單的計算方法。

• 男性，由一九〇〇年至一九九九年計算方法——100減出生年，再除以9的餘數便是。

如1960年出生，方程式是（100−60）再除以9之餘數。

$$\begin{array}{r} 100 \\ -\ \ 60 \\ \hline 40 \end{array}$$

$$\begin{array}{r} 4 \\ 9\overline{)\ 40} \\ 36 \\ \hline 4 \end{array}$$

得出命卦是4，4為「四綠木」為巽卦。所以是四綠木，巽卦命。

如1994年出生，方程式是（100−94）除以9之餘數。

$$\begin{array}{r} 100 \\ -\ \ 94 \\ \hline 6 \end{array}$$

$$\begin{array}{r} 0 \\ 9\overline{)\ \ 6} \\ 0 \\ \hline 6 \end{array}$$

6除以9不夠除，故命宮即「六白金」，所以是六白金命，乾卦命。

・女性，一九〇〇至一九九九年計算方法——出生年減4除9之餘數。

如1963年出生（1963－4）除以9之餘數。

$$\begin{array}{r} 63 \\ -\ \ 4 \\ \hline 59 \end{array}$$

$$\begin{array}{r} 6 \\ 9\overline{)\,59} \\ 54 \\ \hline 5 \end{array}$$

得出命卦為5，故五黃土便是她的命卦。

五黃在八宅中無卦無方向。故男寄坤，女寄艮，故女性為艮卦命。

如1994年出生（1994－4）除以9之餘數。

$$\begin{array}{r} 94 \\ -\ \ 4 \\ \hline 90 \end{array}$$

$$\begin{array}{r} 10 \\ 9\overline{)\,90} \\ 90 \\ \hline 9(0) \end{array}$$

除盡為9，故命宮為九紫火。所以是九紫火命，離卦命。

• 男命，二〇〇〇年至二〇九九年——99減出生年除以9之餘數。

例一：2018年5月10日出生

（99–18）除以9，餘數為0，除盡等於9。所以是九紫火命，離卦命。

例二：2021年8月10日出生

（99–21）除以9餘數為6，所以是六白金命，乾卦命。

• 女命，二〇〇〇年至二〇九九年——出生年減3除9之餘數。

例一：2018年5月10日出生

（18–3）除以9餘數為6，所以是六白金命，乾卦命。

例二：2021年8月10日出生

（21–3）除以9除盡為0，除盡等於9，所以是九紫火命，離卦命。

八宅大小遊年卦（財位、凶位、桃花位之用法）

八宅法古書不教抽爻換象，而用死背硬記的方法，但孰優孰劣，可能因人而異。

大遊年歌

乾六天五禍絕延生
坎五天生延絕禍六
艮六絕禍生延天五
震延生禍絕五天六
巽天五六禍生絕延
離六五絕延禍生天
坤天延絕生禍五六
兌生禍延絕六五天

抽爻互象訣

三爻不變叫「伏位」
三爻全變叫「延年」
只變上爻叫「生氣」
變中下爻叫「天醫」
變上中爻叫「五鬼」
變上下爻叫「六煞」
只變中爻叫「絕命」
只變下爻叫「禍害」

試用乾宅做例子——

遊年口訣——將乾放於底部中央，然後從左到右把訣上代表寫下來。

乾六天五禍絕延生

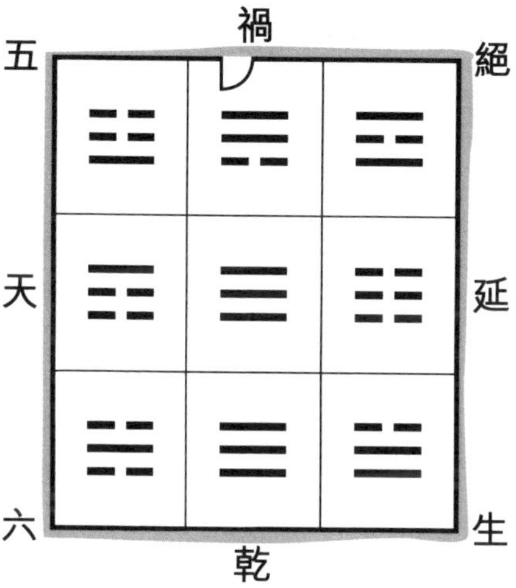

抽爻換象——

☰見☰為三爻不變叫「伏位」

☵見☰為變上下爻叫「六煞」

☶見☰為變中下爻叫「天醫」

☳見☰為變上中爻為「五鬼」

☴見☰為只變下爻叫「禍害」

☲見☰為只變中爻叫「絕命」

☷見☰為三爻全變叫「延年」

☱見☰為只變上爻叫「生氣」

古法論乾宅

乾為伏位，即輔弼二木星，其星吉凶無定，主吉彼亦吉，主凶彼亦凶，故曰輔弼。

六為六煞，文曲水星凶
天為天醫，巨門土星吉
五為五鬼，廉貞火星凶
禍為禍害，祿全土星凶
絕為絕命，破軍金星凶
延為延年，武曲金星吉
生為生氣，貪狼木星吉

如這樣論調，則家中最多有四吉方、四凶方，如乾伏入了凶方則八方只有三吉方，而凶方有五，唯以上理論可以不必深究，就用我的經驗去論斷便可。

而以我的經驗，最主要是論「五鬼」、「天醫」與「六煞」，其他五方吉凶並不顯著，不用亦無妨。

五鬼——為全屋最不好的位置，如位在廚房，闔家生病、怪病連連，且容易找不出病因；如在大門，家人不睦；如在房中，則房中人易生疾病，感情不佳；如在小孩房，小孩則只是較頑皮，稍不利學業，危害較少。

天醫——為財位，唯家中財位並非特別利財，而是最利身體的方位，即使是屋中風水坐向不佳，睡在天醫房中的人也可保平安；而天醫在辦公室及商舖，則真正代表財源。

六煞——桃花位，對單身人士百利而無一害，辦公室此方最有利銷售，而店舖此方則利桃花人緣，最宜做試身室或擺放要大力推廣之貨品。

風水現代化

單位大門門向

風水實在是有現代化的需要，因數千年來，屋宅的改變不大，一般樓宇最多數層，高塔才能有十層以上，但都不是陽居；但近百年，高樓大廈臨立，居住在大廈內的人口結構也大大不同。古代一屋一姓人或一房人，有異姓同居的機會不大；現代房屋，少則三四十戶，大則過百戶，同一幢大廈或屋苑裏可以出現百家姓，故堪察樓宇之時必然因戶籍不同而要有所改變。

古時堪察屋宅一般以屋宅的大門方向，而後再計算屋內的分戶；即使至近代的數層大廈，也是一姓同居，故亦以大門而去計算整座建築物的風水。但近代之高樓大廈如再以整座大廈的門向去計算整座大廈的風水吉凶，就有點不合常理了。

現代多層式大廈，其大廈大門可以算是一個總氣口，唯這個氣口可能是幾十戶或過百戶人共用的，故其影響力已大大分散。反而住戶居室之大門，只供一戶人之用，其影響力是百分之一百的，再細分之，現在很多單位內再分成細單位，單位大門是共用的，而自己房門則只有自用，故堪察這些單位內的細單位，又必然以自己居住的單位大門為重。故堪察現代建築物不論是住宅或是辦公大樓，皆以自己所佔的單位大門作為樓向，共用的大門一般影響已經不是很大。

廚廁

廚廁方面，亦是翻天覆地的改變，因古代廚廁與居住的居室一般是分開的，尤其是廁所，因氣味及衛生的關係，一般距離會比較遠，甚至是共用的。四五十年前政府興建的公共房屋，其廁所也是在室外的。唯現代房屋，廚廁大多都在居住的單位之內，故會直接影響居住在屋室內的人。

我經過這四十年的驗證，發現從巒頭上堪察，很多時疾病是因為廚廁位置不當而引起，如理氣亦配合較差的話，可以引致疾病連連，故對廚廁的看法也不得不現代化。廚廁的影響在我的很多本著作內已經論述，現不再重複了，但最基本的法則是廚廁門不能對任何門，除了露台門無影響之外。

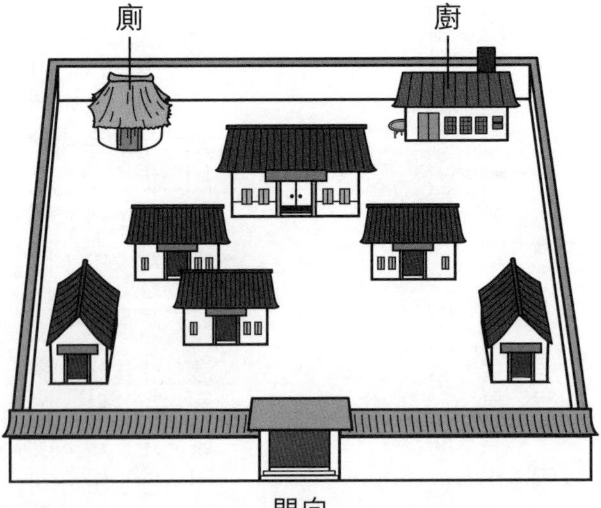

古代樓房大宅，為同姓而聚，故不管內裏有多少戶，皆以圍牆的大門為向。

近代有些多層建築或豪門大宅，如是一姓同居的話，仍以大門為其方向。

現代十樓層至過百層的建築，居住在裏面的已經不太可能是一家人，故必然要以自己居住的單位門口為向。

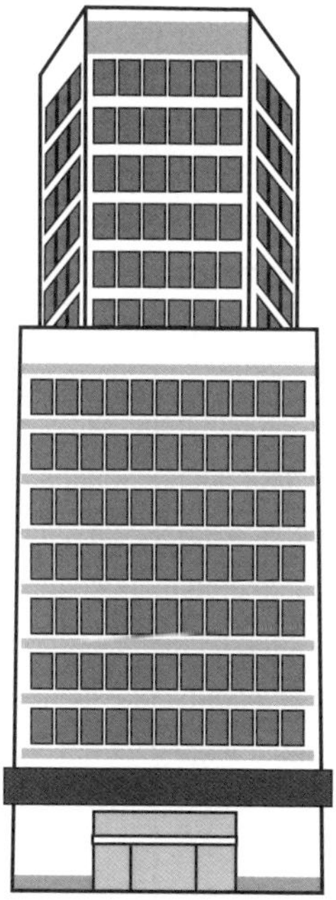

大廈門公用，需以自己居住的單位為門向。

門向

樓型、居室風水和佈局

樓型五行所屬

木型

長型為木，舊式工廠大廈最為常見，居住或用家會較為平穩。

火型

因地盤關係成三角形或尖形之建築物，最有名的是紐約的熨斗大廈。火為爭鬥，亦易惹上火災。運程快上快落，易發易喪。

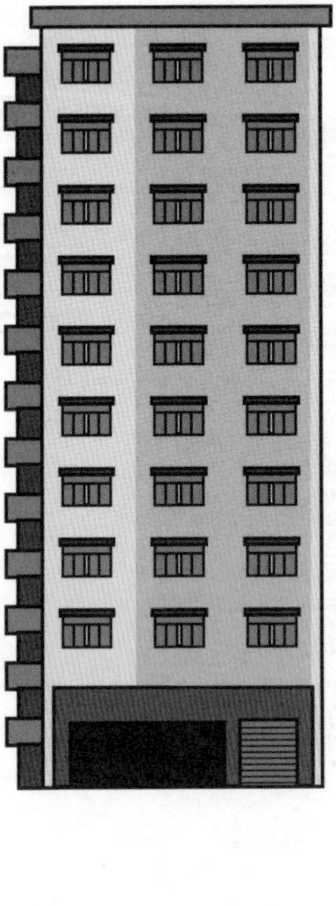

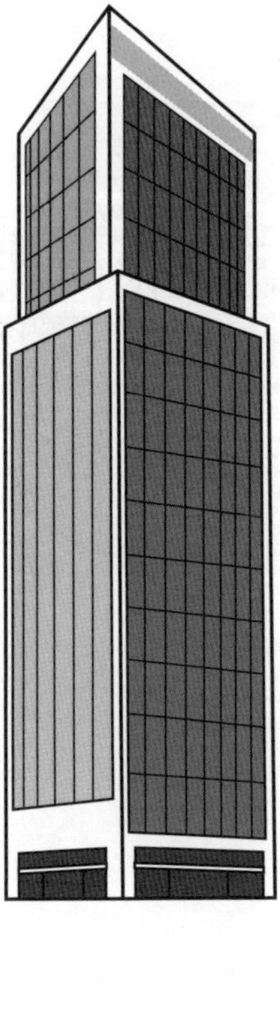

土型

方正似印章為土型，比木型更為平穩，為最好之戶型，居住或使用者在內也較穩固，對情緒亦有幫助。

金型

圓型為金，辦公地方容易貨如輪轉，快上快落，陽居則不太平穩，居住在裏面常有暈眩的感覺。

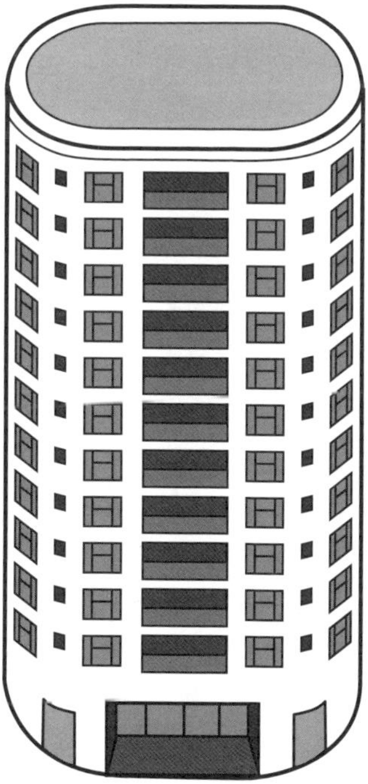

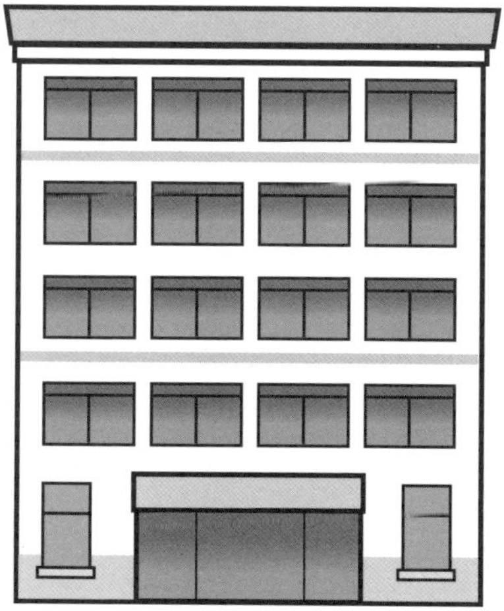

水型

較不平穩，流動性僅次於圓型，且易招惹桃花，最利單身人士。

大樓形狀與居室形狀

大廈形狀

現代大廈很多是十字型或井字型的，這些算是正常形狀，屋子亦會比較方正，其他如正方形、長方形的形狀就更佳、更穩固，而政府居室很多時是Y型，亦即風車型，像風車有三片車葉一樣，流動不止，故上流下流，遷出遷入的機會也較大。

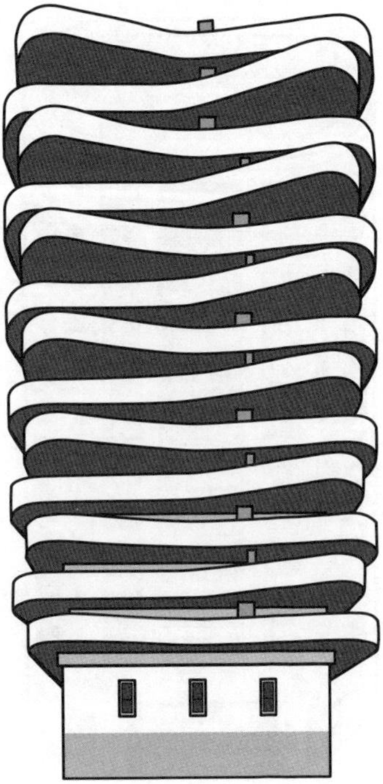

吉凶好壞當然要看屋宅門向，圓形情況與風車型相似，也是如輪轉之象，尤其是辦公地方，開始時發展可能較快，但發展後最好搬去較平和的方形或長方形的會比較理想，而圓形屋宅亦容易有此情況，三角形之屋宅及寫字樓最要注意，除了不平穩外，屋內缺角必然嚴重，要好好計算缺少了的是否財位或桃花位等，當然如要避免的話，不要選擇這些形狀。

有洞的大廈也是要注意的，因為大廈穿洞，如遇強氣流，其氣流必穿洞而過，如居屋或辦公地方剛好在洞之四周，難免會受強氣流帶來的煞氣，而化解辦法就是，在氣流流入的窗戶多種植物或那邊的窗戶保持關閉，讓煞氣不能入侵。

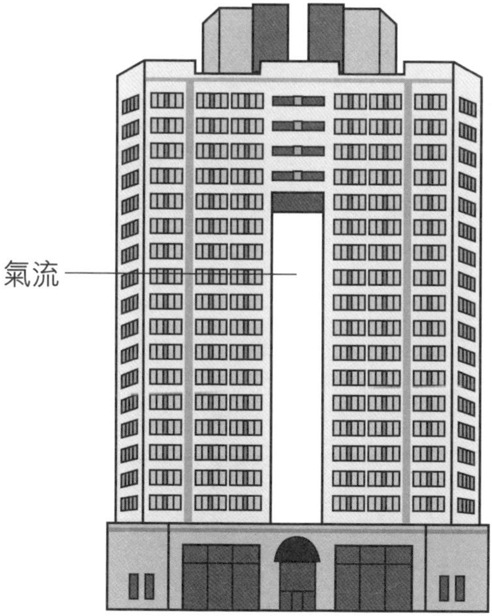

陽氣遇空而竄，強氣流因大廈遮擋很大機會會鑽入室內形成強氣流而產生煞氣。

室內形狀

室內形狀方面，方形、長形、豪宅般的槍型，甚至鑽石型的問題都不大，新發現最大問題的屋型是菱形，這是這十年內比較常見的。

驗證之下，發現居住在菱形屋宅的人一般感情運都不太平穩，其次就是身體，故最佳辦法就是不要長期居住，因用風水去補救始終也不能把問題解決，最多是減輕其壞影響，但如遇上流年不吉，壞影響又會重現。

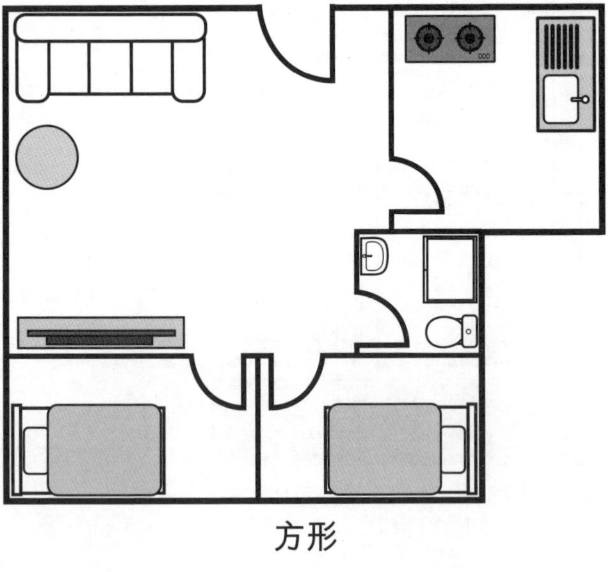

方形

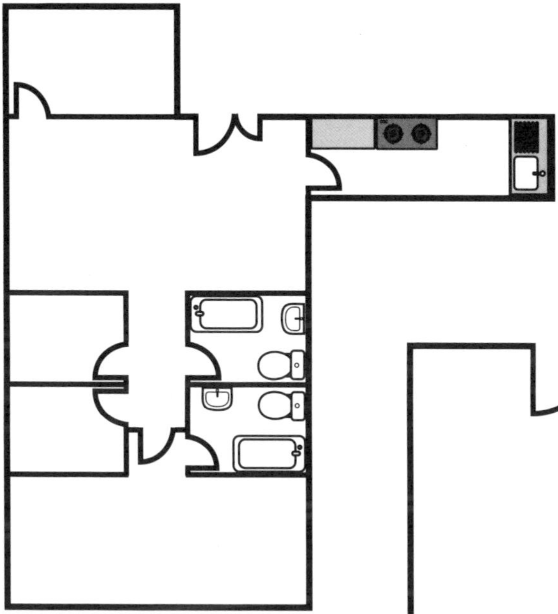

槍型

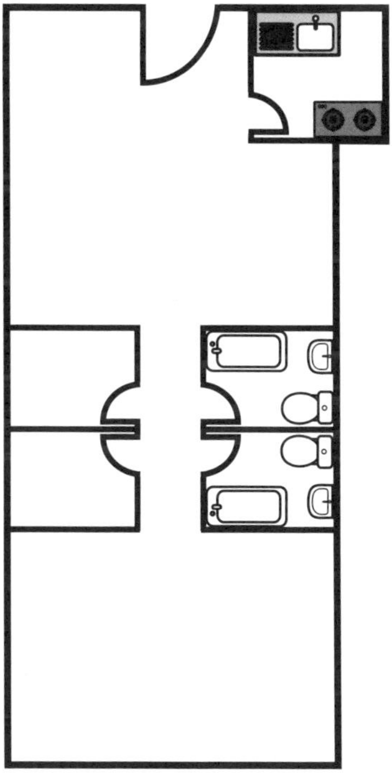

長形

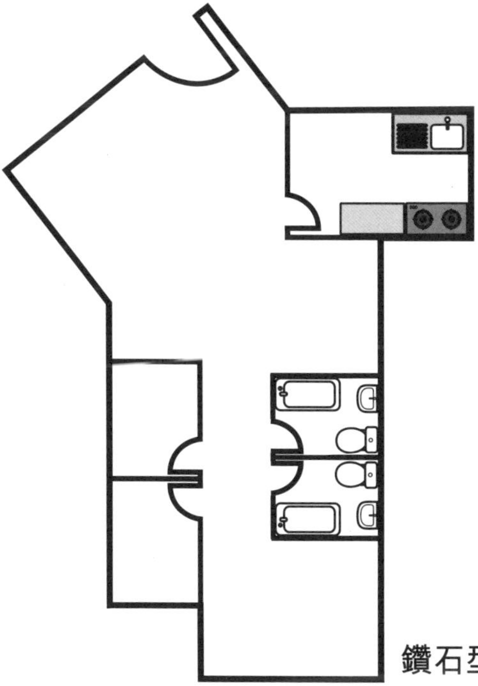

鑽石型

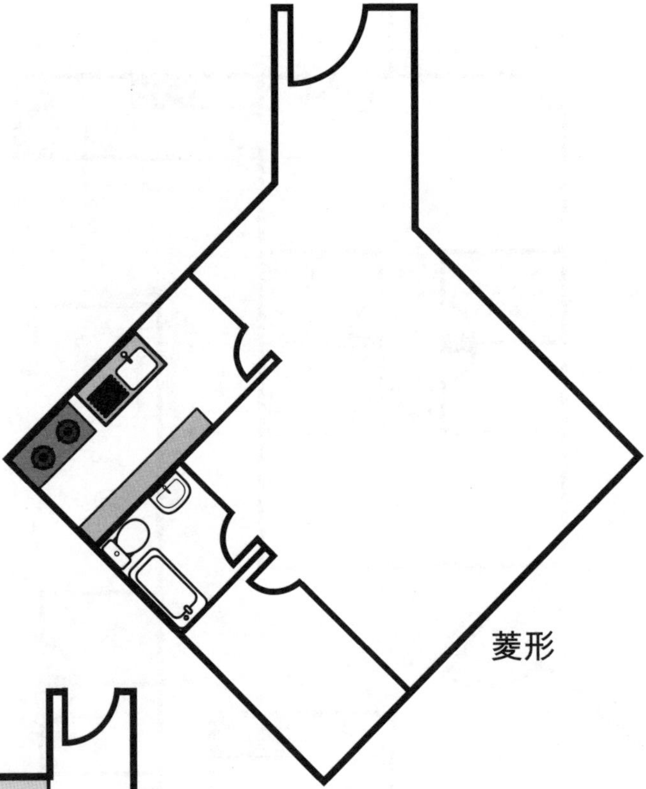

菱形

菱形

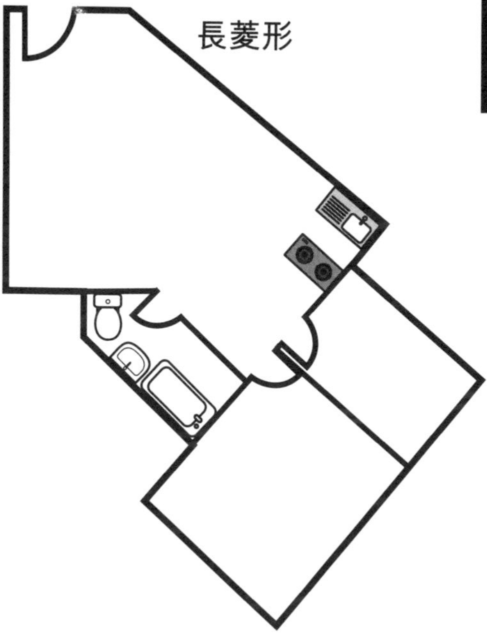

長菱形

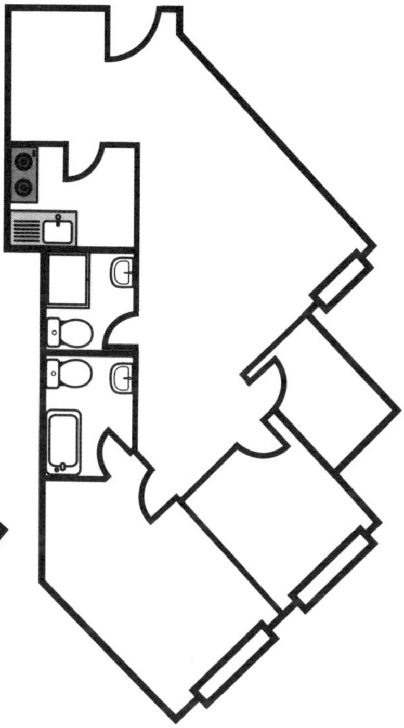

長菱形

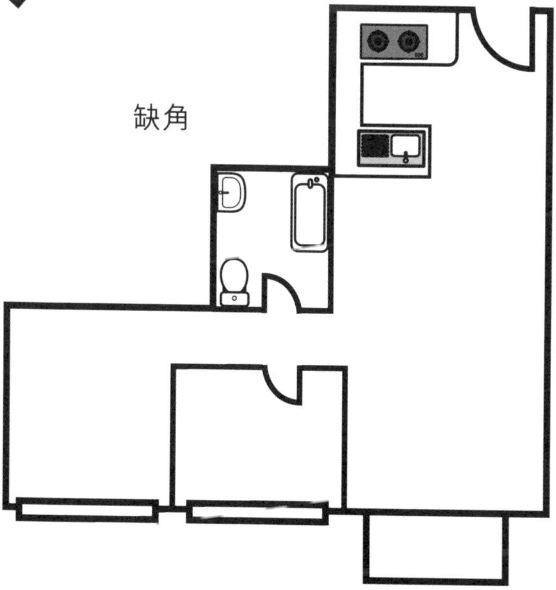

小缺角形
（不一定差，
主要缺了何）

菱形加多面缺角

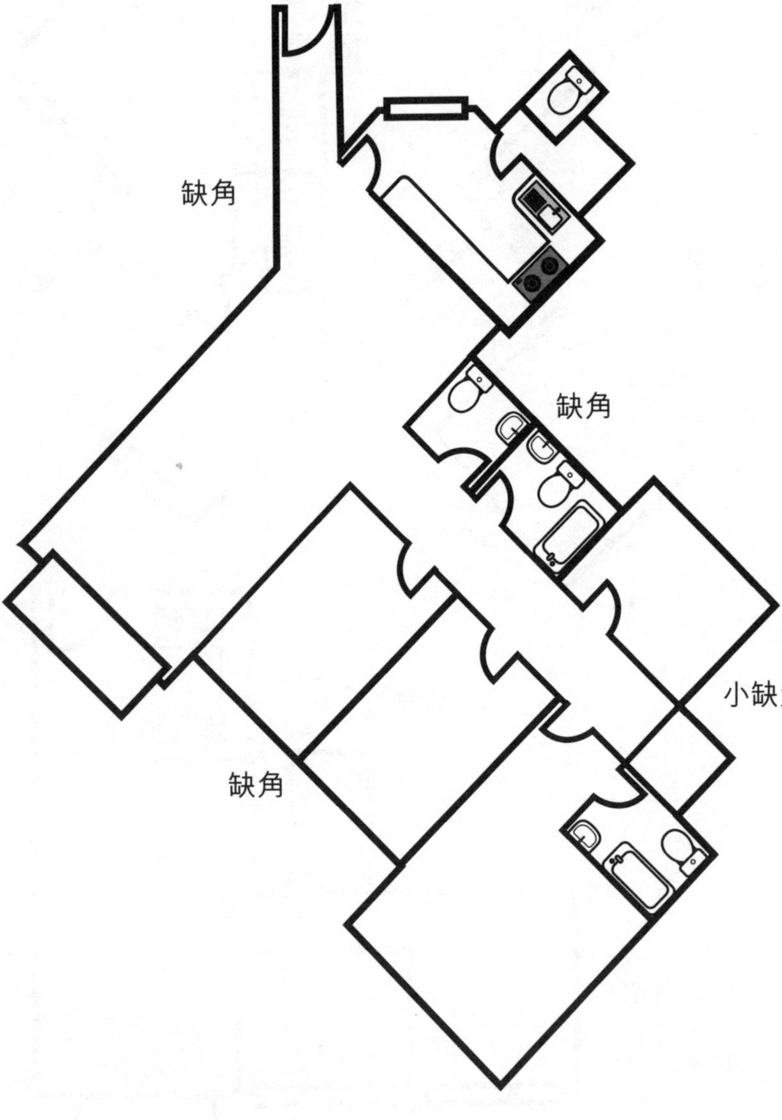

動靜吉凶

動靜分局內局外，局內包括一切傢俬擺設之移動或更換，因動則有氣，有氣則加大其影響力，吉方加吉，凶方現凶。其次是外部變遷，不論是大門或窗外，如出現動象，也因氣動而產生改變。

原局之飛星八宅為靜，流年加之為動，靜的吉凶經佈局化解後，一般危害不大，但流年為動之吉凶，其影響了然明確。故即使居住在一間旺財運丁的屋宅，而大門、主人房、爐灶皆在吉位，但亦會因流年之凶星駕臨而產生壞影響，靜的影響較慢而日子較為長久，動的影響較急且時效快速。

所以在風水佈局時除了要計算及化解原局之吉凶位置外，動之流年吉凶亦要切記提防，否則容易被流年的五黃二黑大細病位飛臨而產生疾病，門口三遇七容易招盜賊，六遇七而易見損傷，二遇三而訟事不和，七三相遇而易受刀傷車禍，這些流年氣動之處，必要一一化解。

電纜、電塔、配電站、電錶房、電話機樓、電話發射站吉凶

電纜、電塔、配電站、電錶房等都可稱為磁電煞，如距離靠近，容易影響情緒與身體之內分泌，令人情緒不穩、急躁、身體常出現原因不明之小毛病，但尋不出病因，亦容易令到皮膚乾燥、敏感，而唯一的化解方法便是用水去擋，又或者加一個凸鏡去反射。可以的話，再放些水種植物。

電纜

如靠近居室，甚至在居室近距離的上方，其影響必然會較為明顯，如真的發現毛病不斷，不妨試放一些水去化解，而不論水種植物、養魚，或單純放一些水都是可以化解或減輕其壞影響。

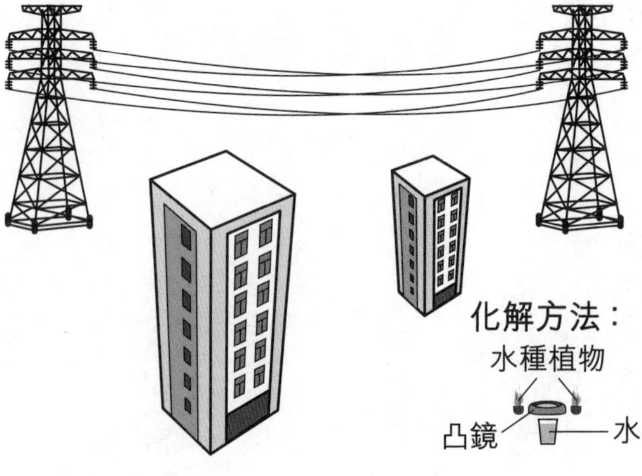

電塔

這在我的《風生水起例證篇》已有例子詳述，在這不厭其煩再簡述一次。

電塔與電纜一樣，也是磁電煞的一種，唯其形狀為尖塔，像文昌塔，如去掉其煞氣，可變作一個大文昌塔之用，如應對室內文昌方位或是流年文昌位置，對學習考試必然能起着正面作用。

例——

文昌塔不論塔頂是單尖型或雙尖型甚至或是其他類型，總之狀似尖塔，皆可作為文昌塔而收之，如不用收則可化之或擋之。

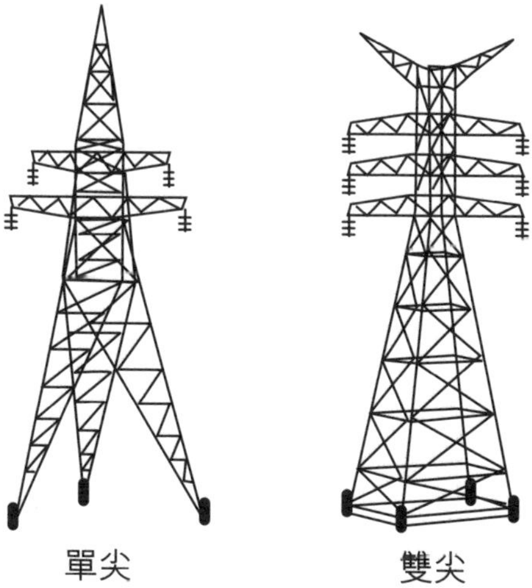

尖塔作為旺文昌之用

收法——

用凹鏡對着尖塔，凹鏡前放一杯水，左右再放些水種植物，這樣可把火煞化掉而收尖塔作為旺文昌之用。

擋法——

凸鏡放最前，把煞氣卸掉一些，然後鏡後放水，再放一排水種植物在後或左右，這足以把煞氣化掉。

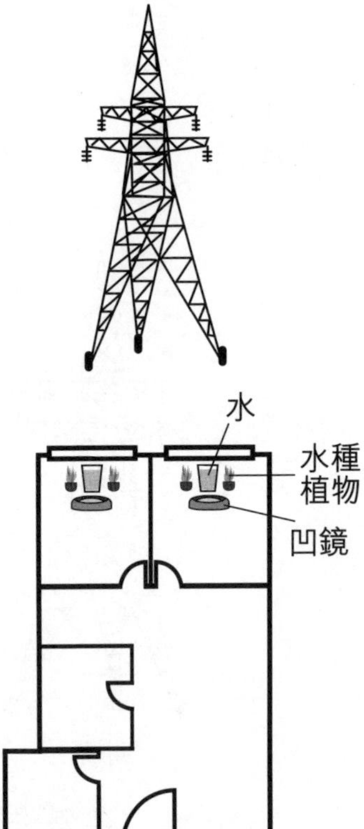

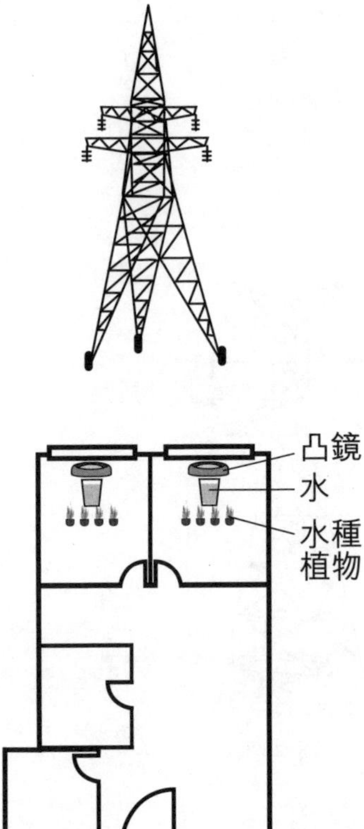

配電站

不論輸電站或配電塔，其磁電煞的力量必然比電纜及電塔為強，如貼近所居住的大廈，必然受到磁電煞的影響，唯化解方法也只能用水去擋，又或者多放植物去擋。因其一般為較大的構築物，放凸鏡也不一定能將其化掉，但別無他法下也只能用水、植物、凸鏡去化解。

只能在靠近配電站的地方
放水、植物、凸鏡去擋

電錶房

例——電錶房在居室旁邊

每層大樓都有電錶房，有時剛好貼着你的居室，而這也是要去化解的，唯化解的方法較為簡單，只要在電錶房圍着自己居室的相連位置放水便可。

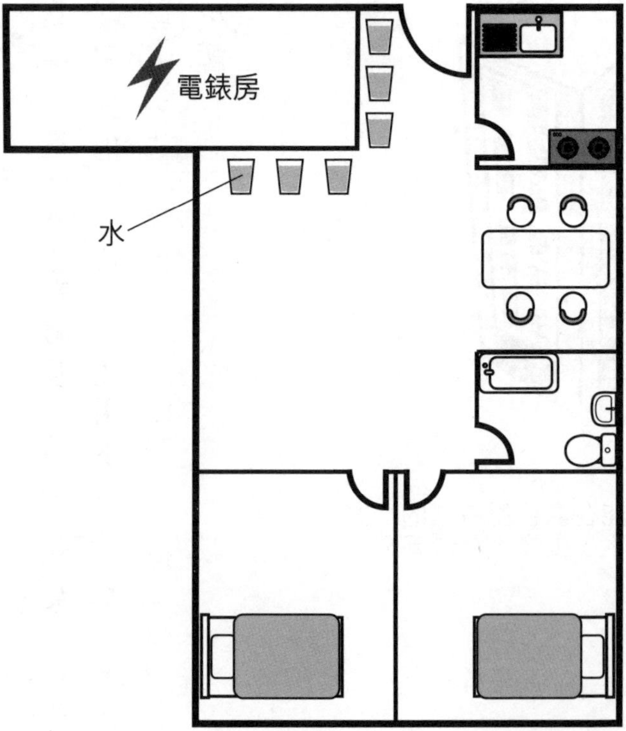

例——電錶房在居室對面

可在大門前鐵閘內左右各放一杯水化解，如地方許可，可放大杯一點，又或者放水種植物也可。

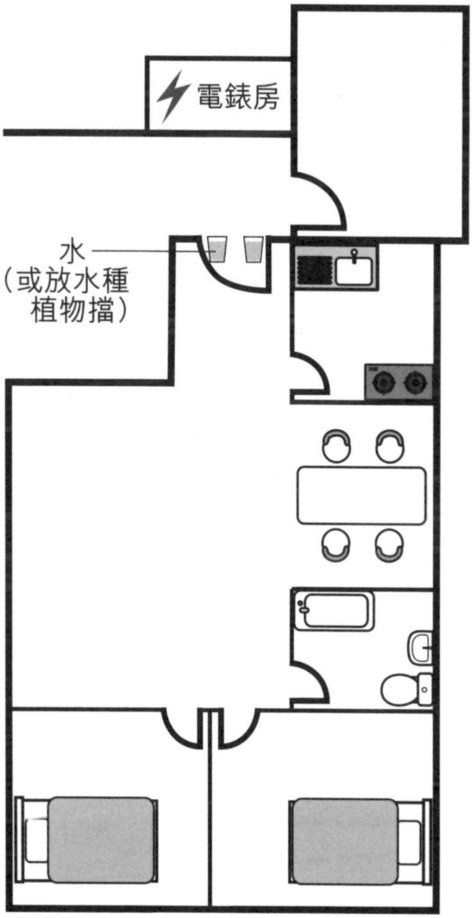

電話機樓

因電話機樓屬低壓電，其煞氣不是太重，除非是非常貼近居室或辦公大樓，才要放水或水種植物去化解。

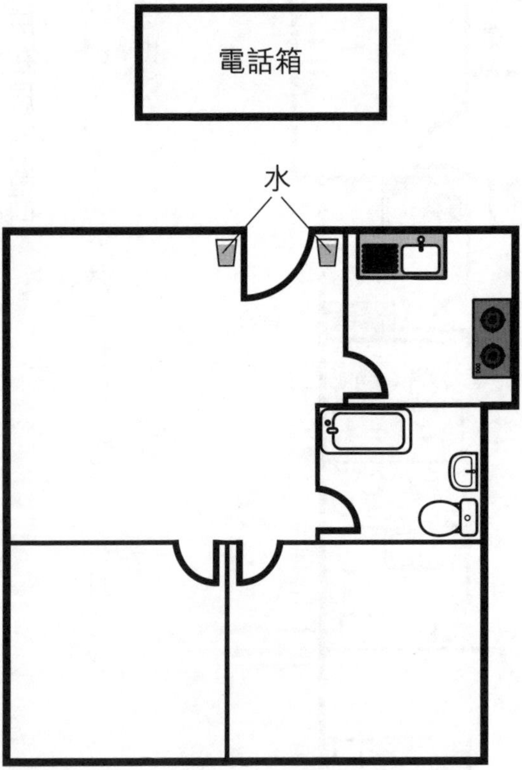

電話發射站

窗外看見電話發射站，問題是不大的，可以無需化解，唯發射站在居室頂上，可能煞氣會重一些，那唯有在居室近天花位置放水化解。

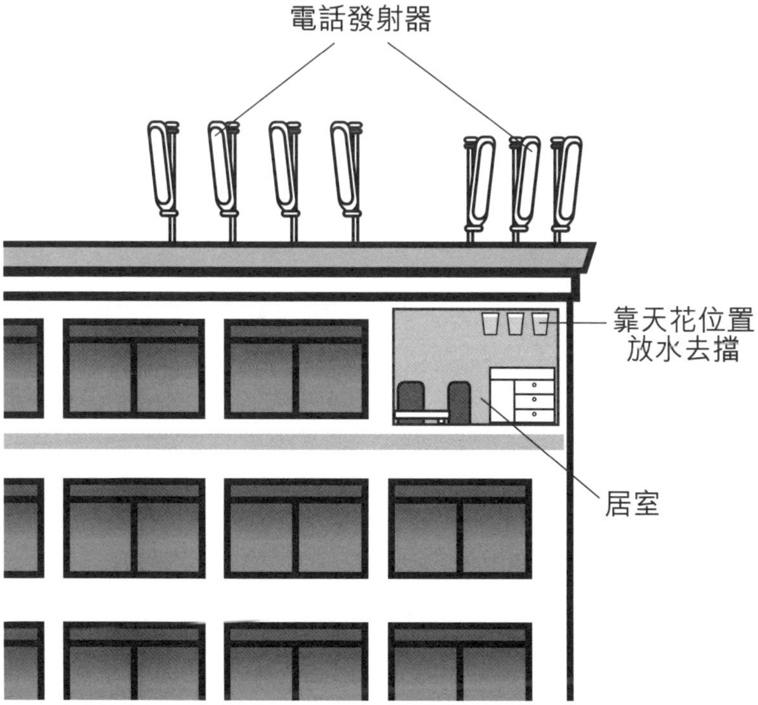

催財、聚財、旺身體、化病、化爭吵的基本佈局

財運、健康運、人緣運是堪察風水的基本目的。但這尤以化病為最重要目的，筆者堪察風水四十年，很多客人因入住後疾病連連，屢醫無效，不得不嘗試看看風水方面能否幫到一點忙；亦有些辦公室、工作人員連續疾病不斷，又或者工作人員的長輩連連出事，在有些驚恐下，看看是否風水出現問題。

故現代陽宅風水的目的是以化病為先，求財為次，而且風水佈局上也是化病容易而求財較難，因財運很多時是與個人運氣有直接關連，而風水只能盡力而為，扶助一下而矣。

而化病之後，遇着一些風水形局及方位不吉之住宅，又或是個人體質先天不佳，又或者懷孕常滑胎等等，便要放一個特別旺身體人緣人丁局，望能改善健康狀況。

催財

有分永久及流年佈局，永久佈局比較簡單容易，最有效而又不用知道方位的辦法是開門旁的位置放動水，如水種植物、魚缸或是流水裝置也是可以的。

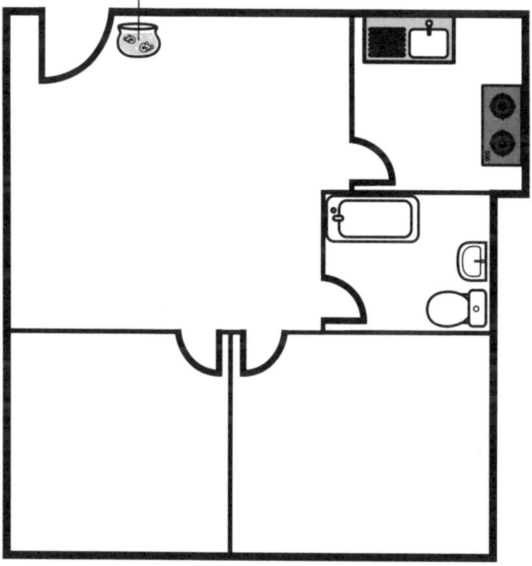

‧流年催財局

可依據每年飛星之運星放水催財，運星的意思，八運是八，九運是九，一運是一。此外亦可以在運星前後的星各放一杯水加大催財之力，如八運，可在七、九過去及未來財星也放一杯水催財。九運則放於「八」、「九」及「一」之位置。

如二〇二〇年流年飛星，當運之財星「八」在西北，未來財星「九」在正西，過去財星「七」在中宮。故此二〇二〇年可在室中的中宮、正西、西北，各放一杯水催財。

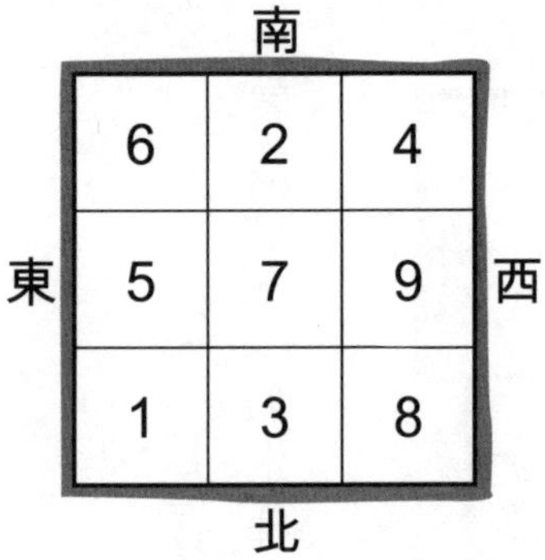

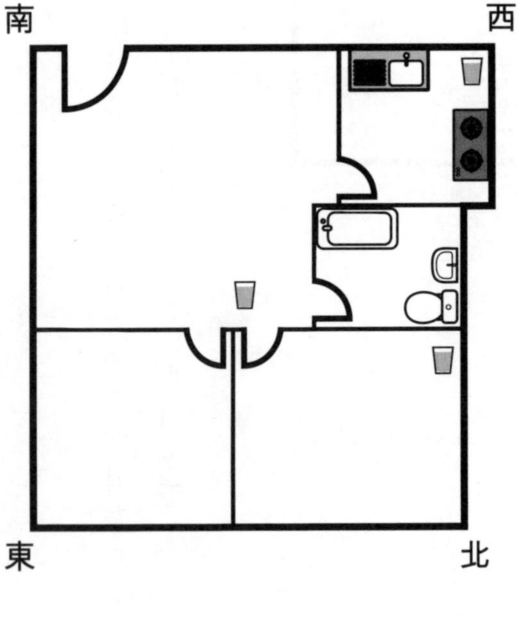

		南		
	5	1	3	
東	4	6	8	西
	9	2	7	
		北		

二〇二一年流年飛星，「八」白當運財星在正西，未來財星「九」在東北，過去財星「七」在西北，故二〇二一年可在屋中的正西、西北及東北各放一杯水催財。

		南		
	4	9	2	
東	3	5	7	西
	8	1	6	
		北		

二〇二二年流年飛星，「八」白當運財星在東北，未來財星「九」在正南，過氣財星「七」在正西，故二〇二二年可在屋中東北、正南、正西各放一杯水催財。

	南		
	2	7	9
東	1	3	5 西
	6	8	4
	北		

	南		
	3	8	1
東	2	4	6 西
	7	9	5
	北		

二〇二三年流年飛星，「八」白當運財星在正南，未來財星「九」在正北，過氣財運「七」在東北，故二〇二三年可在正南、正北及東北各放一杯水催財。

二〇二四年後，因為進入九運，故「九」為當運財星，「一」為未來財星，八變為過氣財星。

二〇二四年流年飛星，「九」紫當運財星在西南，未來財星「一」在正東，過氣財星「八」在正北，故二〇二四年可以在屋中西南、正北及正東各放一杯水催財。

		南		
	1	6	8	
東	9	2	4	西
	5	7	3	
		北		

二〇二五年流年飛星，「九」紫當運財星在正東，未來財星「一」在東南，過氣財星「八」在西南，故二〇二五年可在屋中正東、東南及西南各放一杯水催財。

聚財

聚財方面，首先要找出家中財位，這可參考每方位的財位、凶位、桃花位，找出財位以後，便可以放大葉植物、錢箱、夾萬，或一些貴重物件去聚財。

請看下頁例子。

例——坐北大門向南

坐北大門向南，財位在正東，故可以在屋中正東放大葉植物、錢箱、夾萬等作聚財之用。

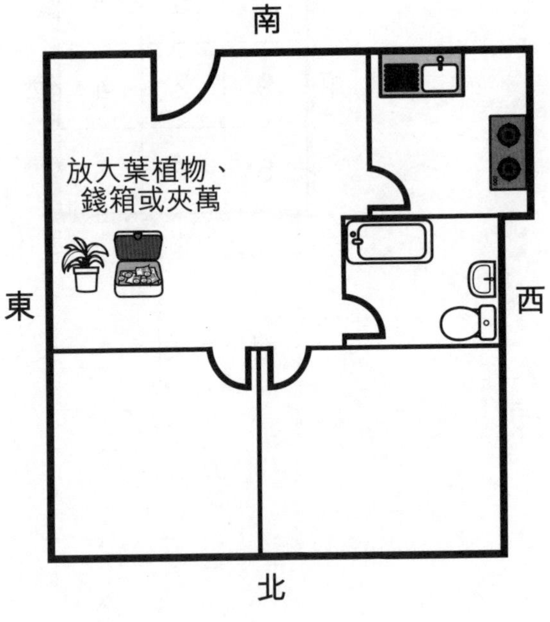

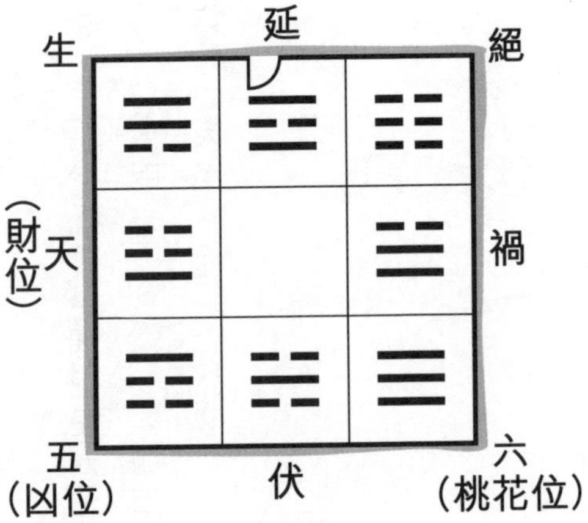

例——坐西南大門向東北

大門向東北，財位在正西，故可在屋中正西位置放大葉植物、錢箱、夾萬聚財。

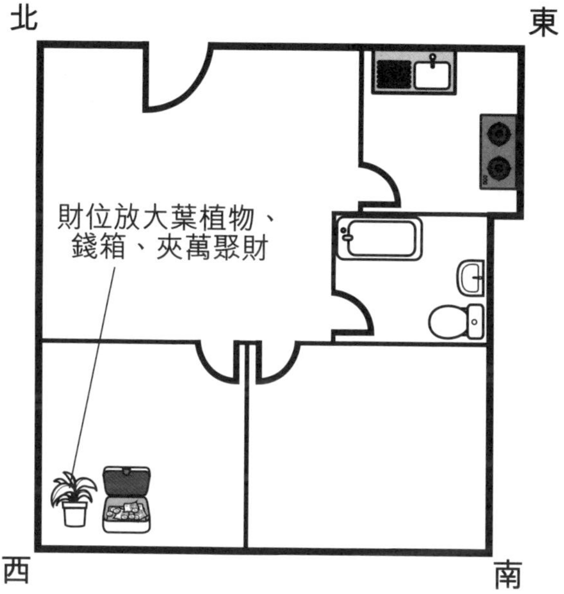

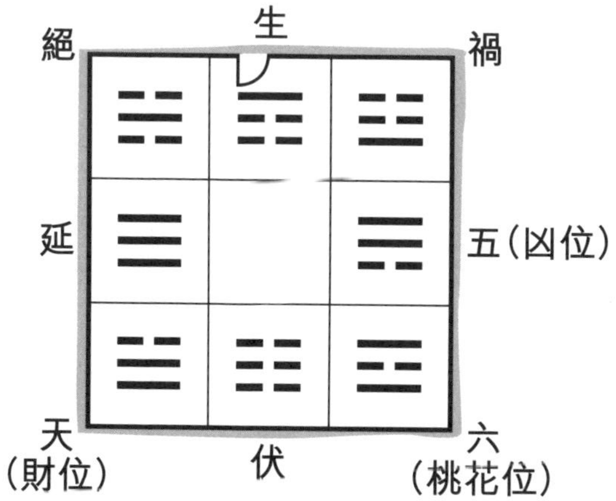

旺身體

基本旺身體局宜在家中伏位放大圓石春以起旺身體之作用，如屋的形狀是方形或長方形，找尋家中伏位會比較容易。

伏位——即家中底部之中央位置，可放一粒兩掌以上大的圓形石春去旺身體，除了可以旺身體外，如加上門旁放水，亦算是自製背山、面海，以起催財、旺身體及自製靠山，旺貴人之局。

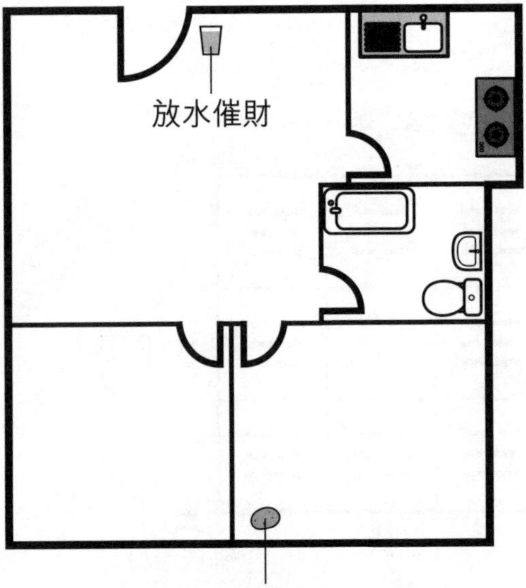

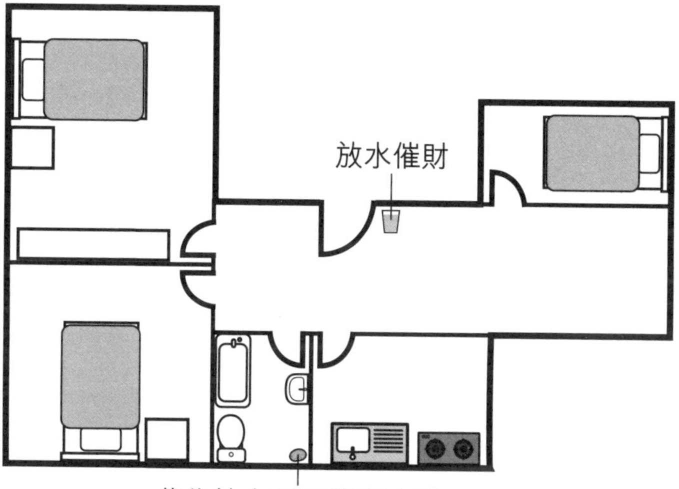
放水催財
伏位放大圓石春旺身體

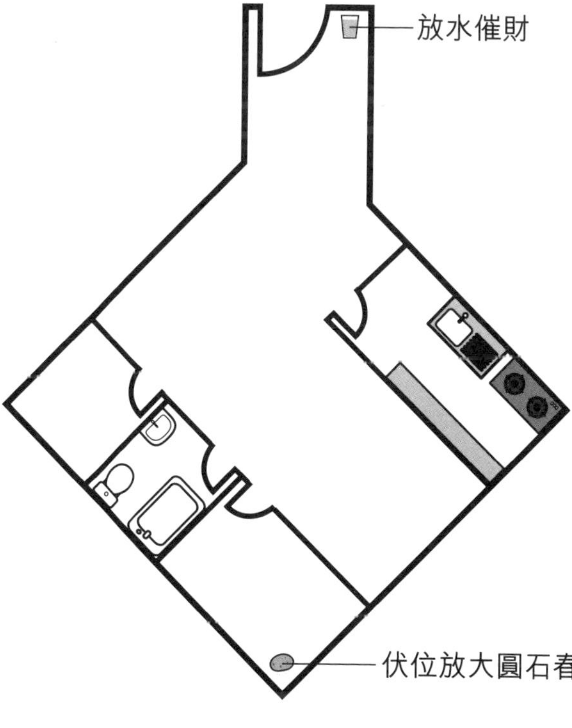
放水催財
伏位放大圓石春旺身體

特別旺身體局

如居室風水不旺身體，又或者屋主身體較差，都可以放這特別旺身體局，唯其副作用是令到居室或辦公室的女性容易懷孕，如果不想懷孕的話，便要好好做足防範措施。

特別旺身體局又叫特別旺人緣、人丁及身體局，故辦公室員工流動太大，亦可以放此局去穩定員工。

・特別旺人緣、人丁及身體局

在局之西南及東北位置各放八粒白石在白卡上，放在家中可以旺身體，放在辦公室除了有利身體外，亦可以起穩定員工的作用。

例—

如果屋之東北、西南在屋角的話，便要斜放，而兩排白石是要平衡相對的，但高矮則無需在同一水平上。

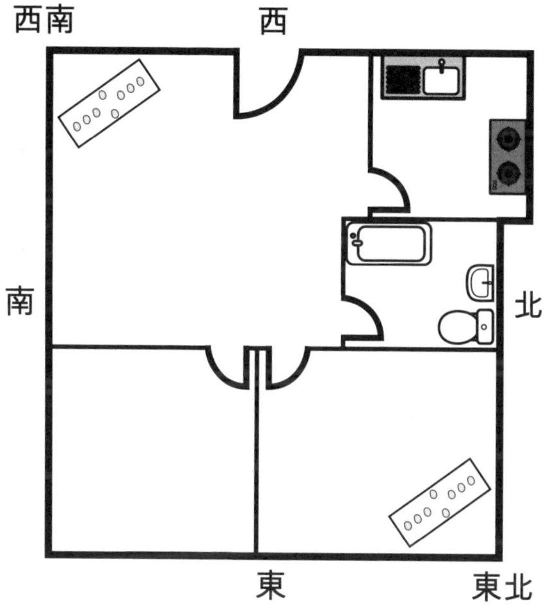

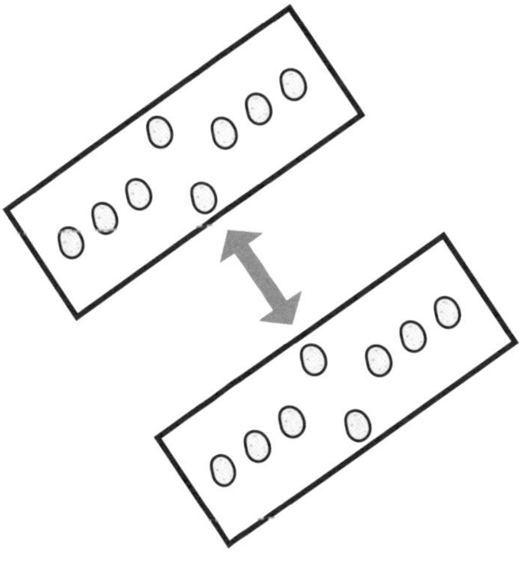

如屋是四隅局，東北、西南會在屋之平面上，這樣放置八粒白石在卡上會比較容易，唯有時一方剛好是大門，這便要想辦法放在門頂上與對排相對。

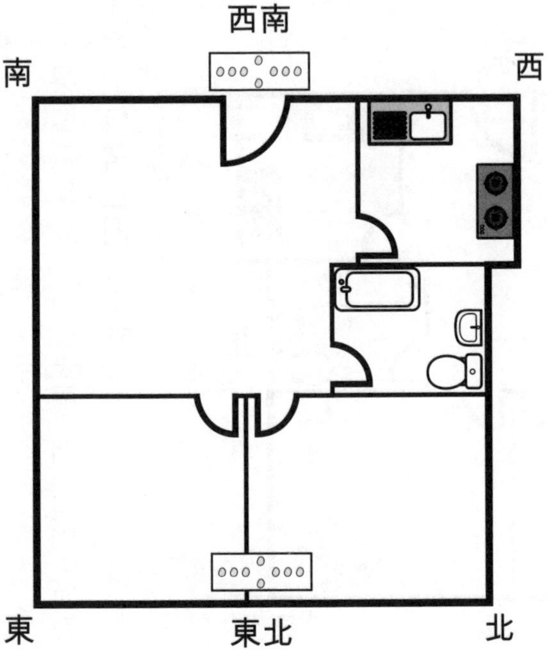

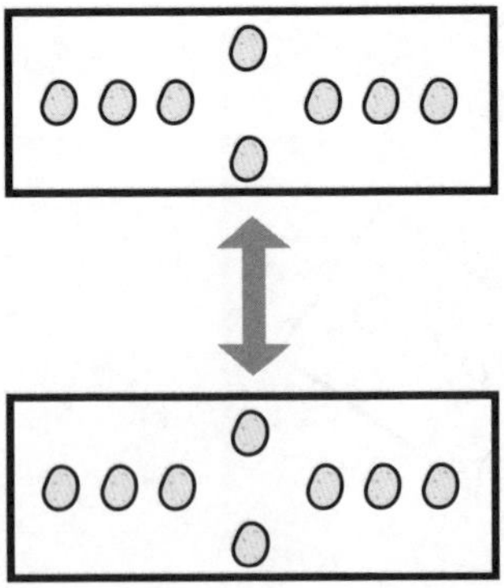

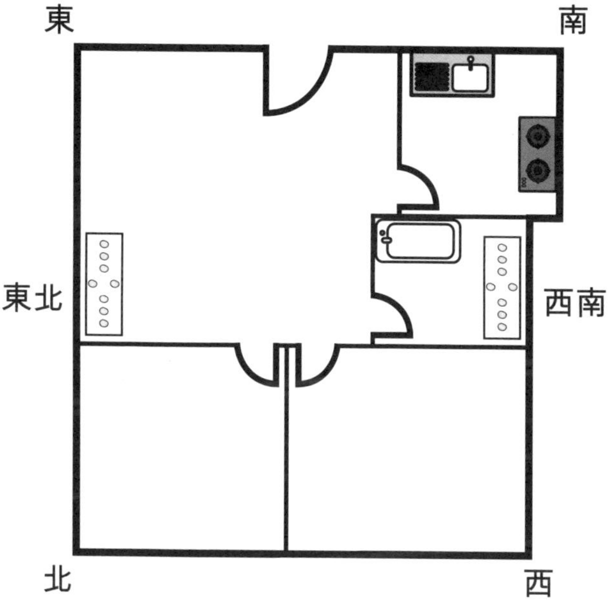

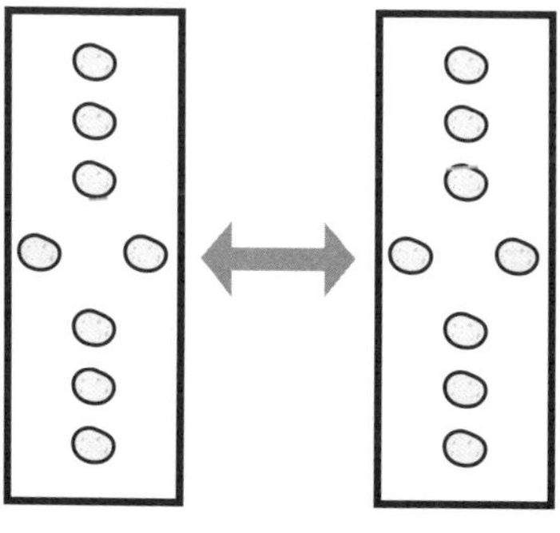

東北、西南在屋之左右，這樣放置八粒白石在卡上會比較容易。

化病局

這與催財局一樣，有分固定擺放的化病局，亦有因應流年的化病局。

固定擺放的化病位，屋中的五鬼位（凶位）為永遠的病位，故要找出家中的永遠凶位，以便放一個葫蘆瓜乾去化病，而葫蘆瓜乾一定要完整而沒有開口的，尋找家中凶位可以參考本書第三章的「八宅法」篇（251頁），參照如何尋找財位、凶位、桃花位。

例——大門向東

大門向東，凶位在正南，故宜在屋中正南放一個葫蘆瓜乾化解病星，而此局五鬼凶方在廁所，而廁所已經能把凶方卸掉，唯可再放一個葫蘆瓜乾作多一層保險。

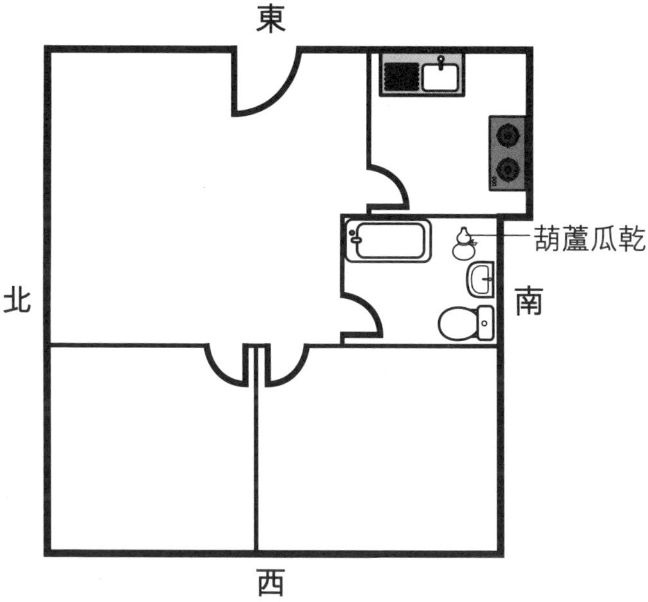
東
北
葫蘆瓜乾
南
西

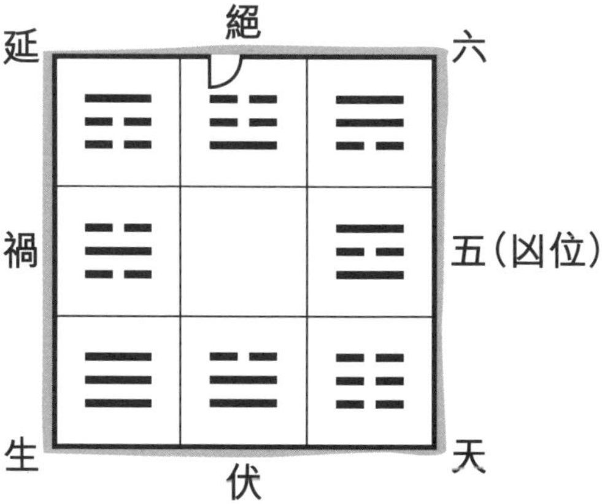
絕
延
六
禍
五(凶位)
生
伏
天

例——大門向西南

大門向西南，五鬼凶位在正北，故宜在家中正北位置放一個葫蘆瓜乾，如剛好是睡牀的話，葫蘆可放在牀底以起化病之用。

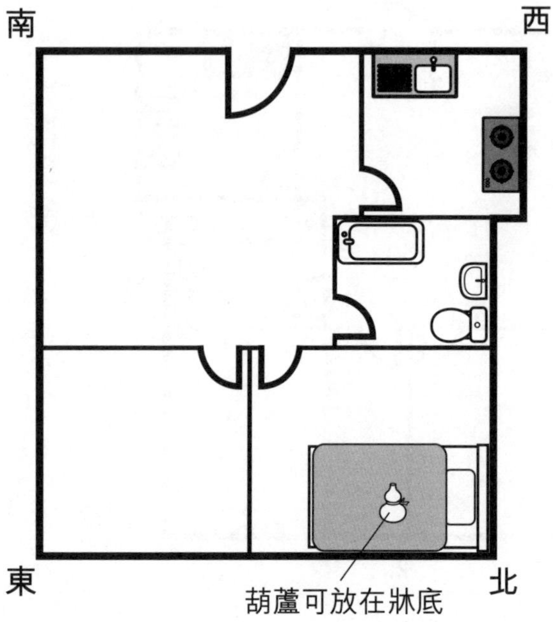

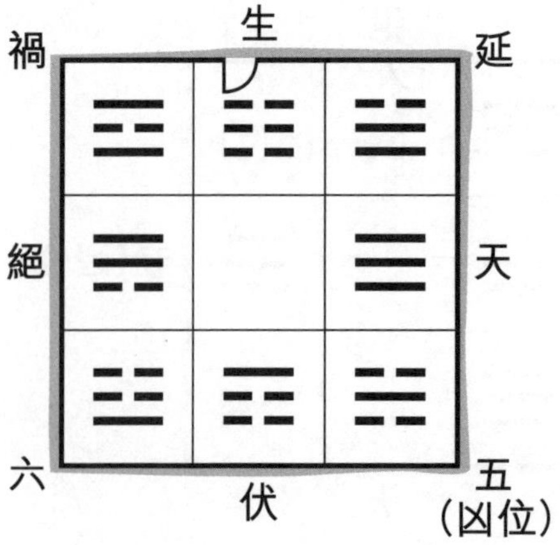

例——大門向西

大門向西，五鬼凶位在西北，如剛好是廚房灶位位置，必然疾病連連，屢醫無效。這樣除了要放葫蘆化病外，亦要在灶底貼一張鮮黃色的卡紙加重化病功能。

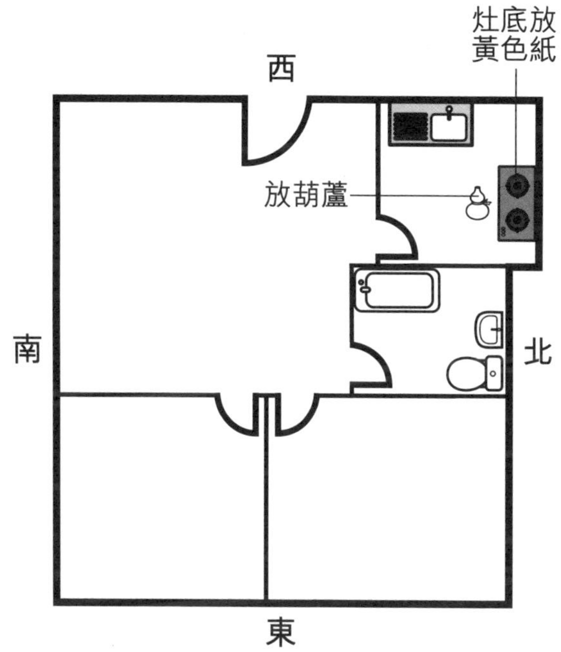

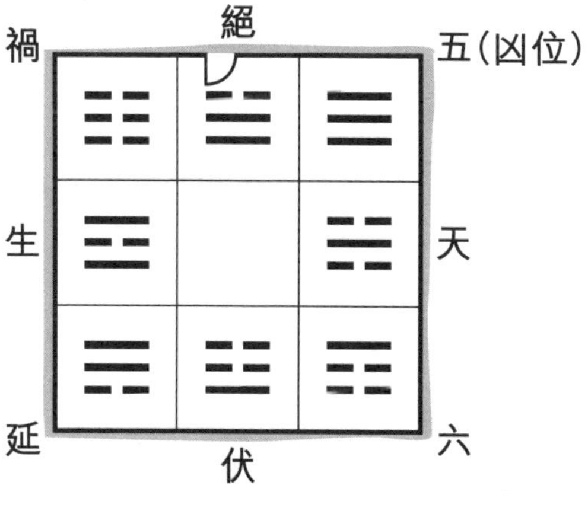

‧流年化病局

每年流年的飛星二黑、五黃都特別容易引致疾病，尤其對氣管及腸胃的影響較大。

五黃對男性影響較大，除了氣管以外，胃亦容易出現毛病；二黑對女性影響較大，主要是腹部、腸胃及泌尿系統，其次是氣管毛病，故每年之流年二黑五黃，必定要好好化解。如果此兩位置剛好在大門、廚房或睡房，則更要加大力度去化解。

化解方法：二黑五黃皆屬土，故用一切屬金的物件皆可化解，如舊的鎖匙、古銅錢、女皇頭銅幣、音樂盒等等。

例——

二〇二〇年及二〇二九年流年飛星圖，五黃在正東，二黑在正南，故宜在屋中正東、正南放金屬發聲物件化解。

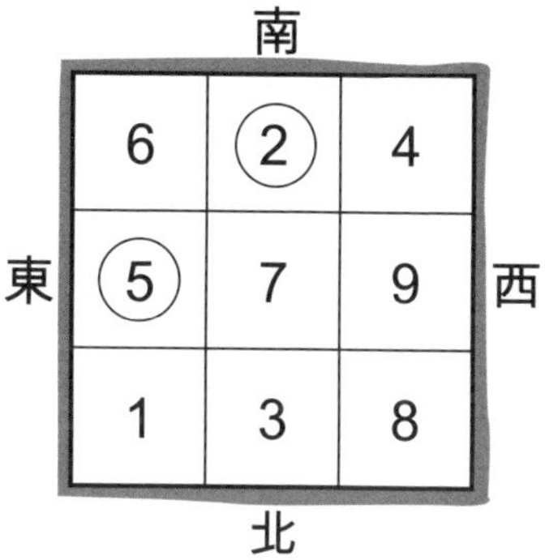
南
6
2
4
東
5
7
9
西
1
3
8
北

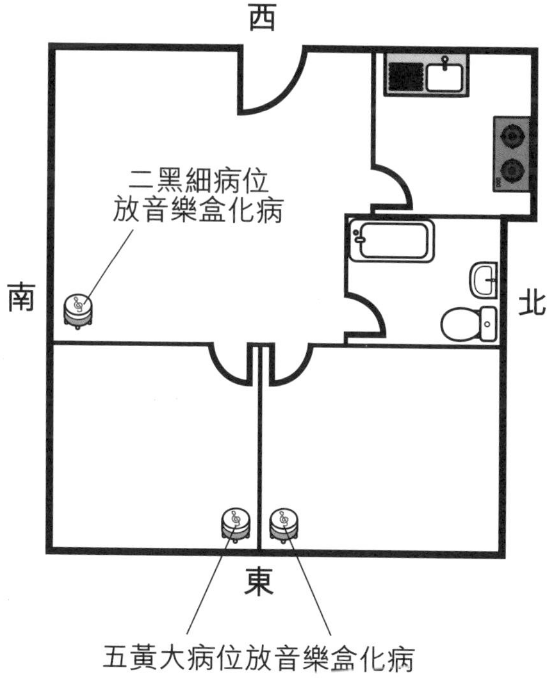
西
二黑細病位
放音樂盒化病
南
北
東
五黃大病位放音樂盒化病

二〇二一年及二〇三〇年流年飛星圖，五黃在東南方，二黑在正北方，因五黃剛好在大門，故除了門旁放音樂盒外，還要在門內掛一個鈴，舊鎖匙也可以，再放一張灰地氈，地氈底放六個女皇頭銅幣（五角）去化病，但記着女皇頭是要朝上的。

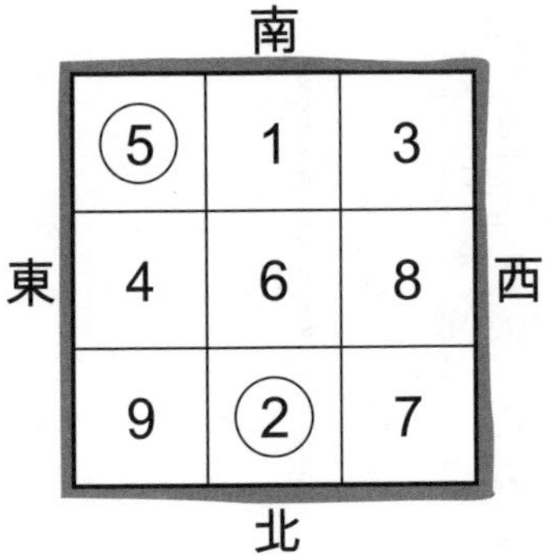

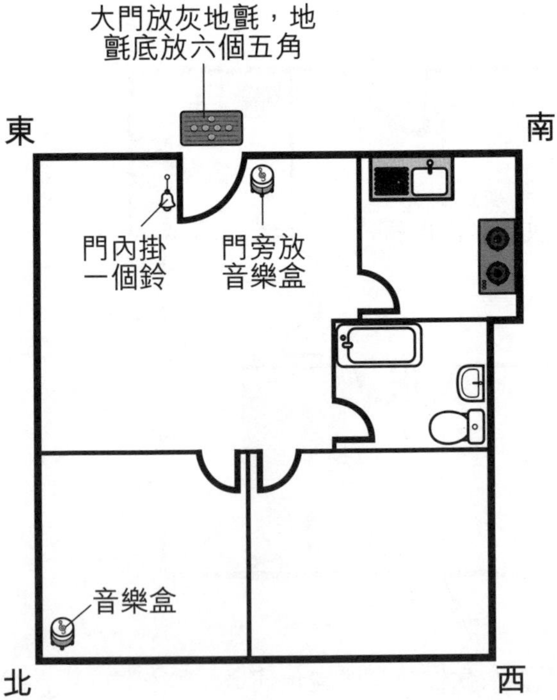

正北為房間，如果是作掛衣之用，只放一個音樂盒化解即可；但如果是睡牀，則除了放音樂盒外，最好能在睡牀板上放六個女皇頭銅幣，而女皇頭向上，上面再蓋一張灰色卡紙。

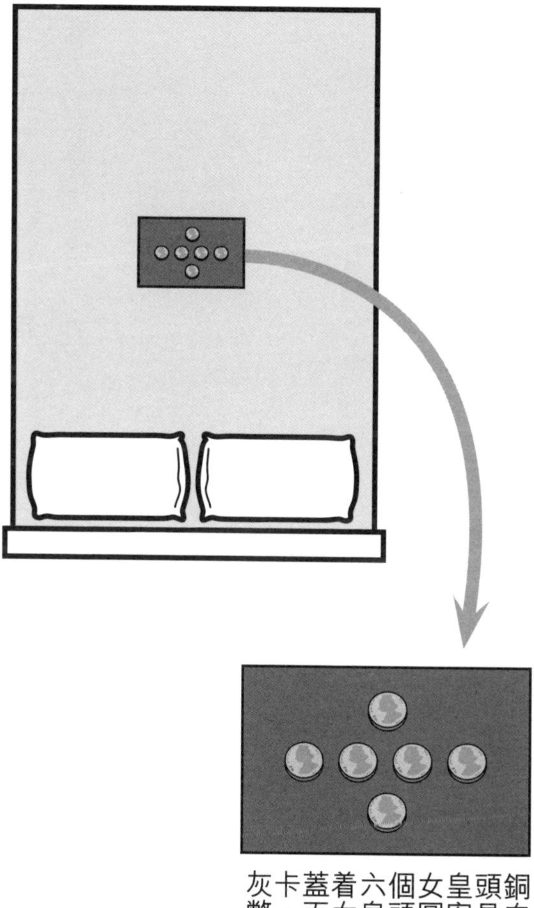

灰卡蓋着六個女皇頭銅幣，而女皇頭圖案是向上，上面貼着灰色卡紙

二〇二二年及二〇三一年流年飛星圖，五黃在中宮，二黑在西南。

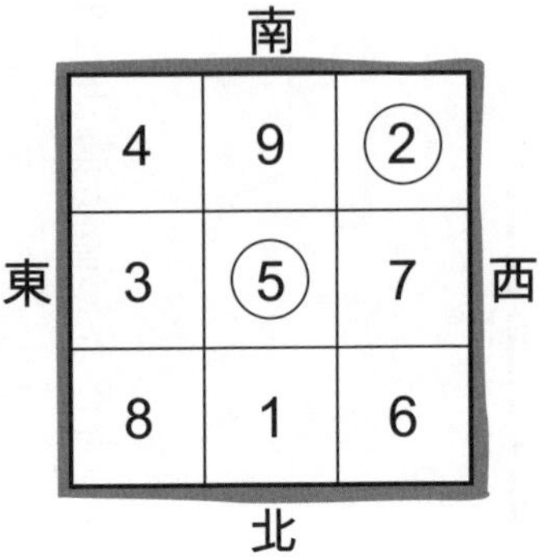
南
4
9
2
東
3
5
7
西
8
1
6
北

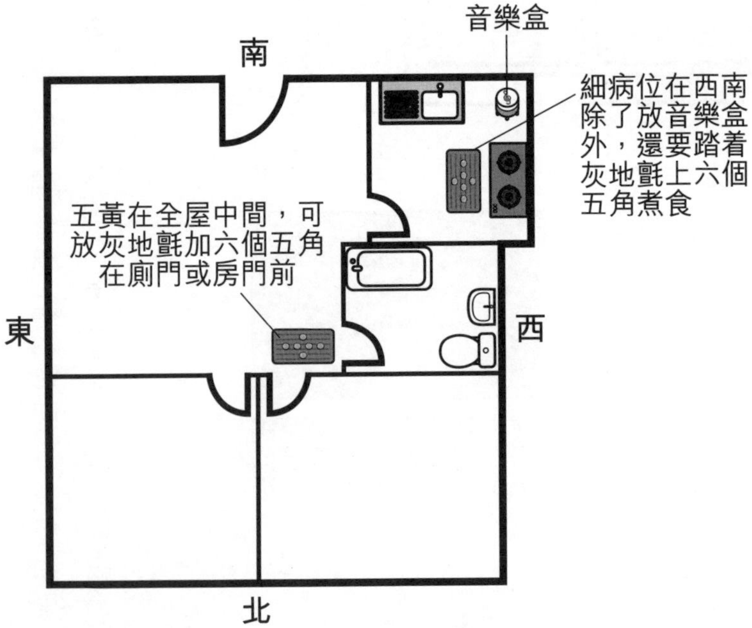
音樂盒
南
細病位在西南除了放音樂盒外，還要踏着灰地氈上六個五角煮食
五黃在全屋中間，可放灰地氈加六個五角在廁門或房門前
東
西
北

		南		
	3	8	1	
東	②	4	6	西
	7	9	⑤	
		北		

二〇二三年及二〇三二年流年飛星圖，五黃在西北，二黑在正東，此兩方宜放貼了六個五角的灰地氈或音樂盒及鈴化解。

		南		
	②	7	9	
東	1	3	⑤	西
	6	8	4	
		北		

二〇二四年及二〇三四年流年飛星圖，五黃在正西，二黑在東南，宜在此兩方放化病物件化解。

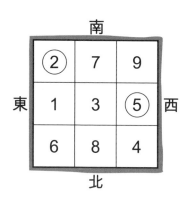

化是非爭吵局

永遠局跟化病局方位一樣，因五鬼凶位除了是病位外，也是爭吵位置，永遠位放葫蘆瓜乾除了可以化病外，也能化是非爭吵。但流年局則不一樣，每年流年的三碧蚩尤爭鬥星，宜放粉紅色物件化是非。

南

	6	2	4	
東	5	7	9	西
	1	3	8	

北

二〇二〇年及二〇二九年三碧爭鬥星在正北，故宜在正北方放粉紅色物件以化是非。

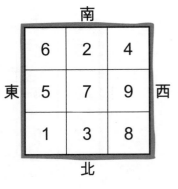

南

東				西
	5	1	3	
東	4	6	8	西
	9	2	7	

北

二〇二一年及二〇三〇年三碧爭鬥星在西南方，故宜在西南方放粉紅色物件以化是非。

南

	4	9	2	
東	3	5	7	西
	8	1	6	

北

二〇二二年及二〇三一年三碧爭鬥星在正東，故宜在正東放粉紅色物件以化是非。

		南		
	3	8	1	
東	2	4	6	西
	7	9	5	
		北		

二〇二三年及二〇三二年三碧爭鬥星在東南，宜在東南方放粉紅色物件以化是非。

		南		
	2	7	9	
東	1	3	5	西
	6	8	4	
		北		

二〇二四年及二〇三三年三碧爭鬥星在中宮，故宜在全局中央位置放粉紅色物件化解。

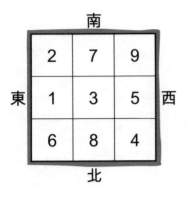

	南			
	1	6	8	
東	9	2	4	西
	5	7	3	
		北		

二〇二五年及二〇三四年三碧爭鬥星在西北方，故宜在西北方放粉紅色物件化解。

	南			
	9	5	7	
東	8	1	3	西
	4	6	2	
		北		

二〇二六年及二〇三五年三碧爭鬥星在正西，宜在正西方放粉紅色物件化解。

大門論吉凶

大門對內論吉凶

大門對內論吉凶，其實這題目在我的第一本著作《風山水起巒頭篇》已經提及過，但因相距差不多二十年，有些情況是要修正的，簡單如大門對窗，漏財。經過多年考證之下，現象並不明顯，故近年幫客人看風水時已經不再化解。

現在在此篇把大門對內的吉凶情況再次歸納，讓讀者更易了解。

大門對廚房

大門對廚房，此乃風水大忌，疾病爭執很多時都是由此而來的，這會影響人之情緒，容易發脾氣以致人緣不佳，不論對外對內都容易出現爭吵不和。身體方面，基本影響是心、眼、皮膚、血液循環，其他影響則要察看廚房所在的方位。

大門對廚房，廚房在不同方位的不良影響：

正北——腎、膀胱、泌尿系統

東北——手指、背、鼻，亦不利腸胃

正東——皮膚、肝膽、手腳

東南——皮膚、肝膽、手腳、足股、面齒

正南——心、眼、皮膚、血液循環

西南——腹部、腸胃

正西——頭、骨、喉嚨氣管、呼吸系統

西北——頭、骨、喉嚨氣管、呼吸系統及容易腳傷

如有以上情況當然最好把廚房門移離對大門方向；如个能更改，則只能在廚房門外左右門角上吊植物化解。

廚房牆為主力牆，不能更改廚房牆，則只能在廚房門外吊植物擋，或放置屏風去阻隔，但當然效果沒有把廚房門更改的徹底解決為佳。

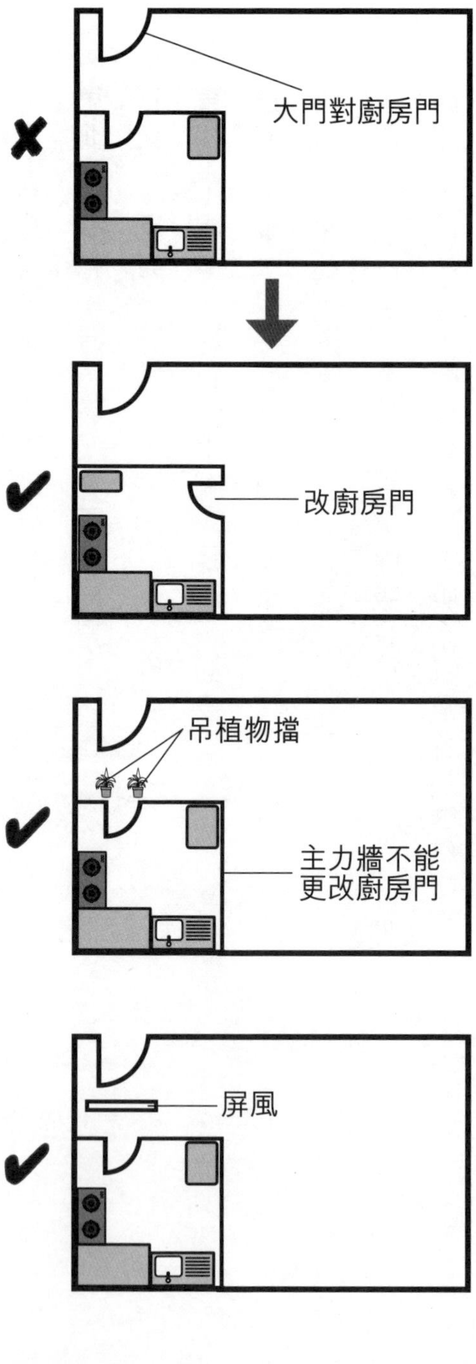

大門對廁所

大門對廁所，其危害僅次於大門對廚房。大門對廁所不利腎、膀胱、泌尿系統，尤其以女性為甚，且不利懷孕。

有一客人從小在大門對廁所的單位成長，從小到大都被這問題困擾着，直至嫁出後移居外國，此問題才逐漸消散，甚至可以懷孕添丁。誰知一次回家探父母，在家裏才住數月，問題又再出現，而且來得頗急，不得不去醫院治療。而這次病情來得那麼急，除了大門對廁所外，也因為窗外地盤大動土，把問題嚴重化，除了自己身體不佳外，父母的身體在這段時間也很差，而其母早早就因婦女病而把整個子宮切除，其女則因回來居住數月婦女病復

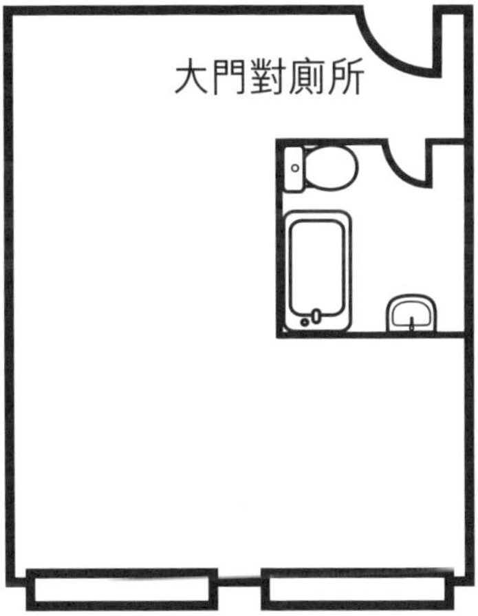

窗外地盤大動土

發，才想到一定是居室風水出現問題，故才邀請我去他們家看風水，望問題可以改善。

而這單位是舊式樓宇，不是用主力牆的，加上樓宇住了幾十年都沒有大裝修過，亦顯得陳舊，所以他們趁這次裝修更改廁所門順道給家裏翻一翻新。

改廁所門後

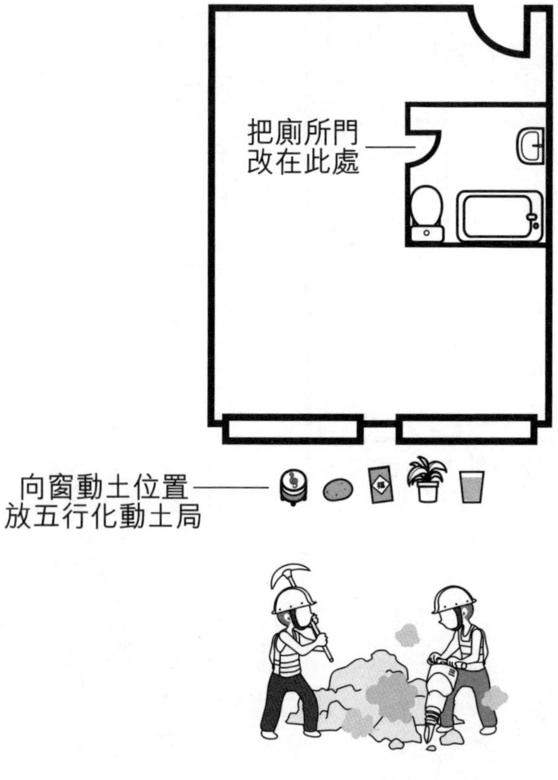

大門對牆

一般是沒有問題的，除非大門對牆距離很窄，又經過長走廊，才會怕入氣不順及聚集陰氣，唯一辦法便是在走廊上裝燈，讓其光亮一點。但走廊燈是不用廿四小時開着的，最簡單的辦法是晚上睡覺時把燈開着，早上便可以關掉了。

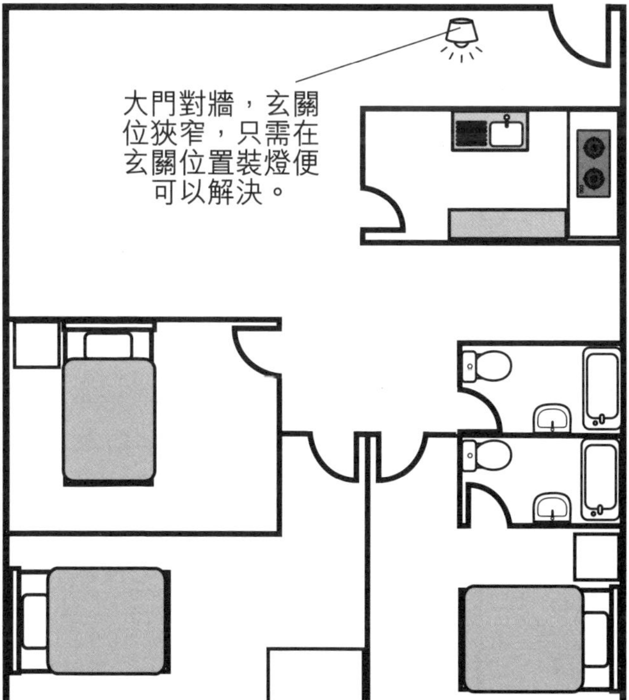
大門對牆，玄關位狹窄，只需在玄關位置裝燈便可以解決。

大門對窗

從我習風水時，不論老師或者是書中都說大門對窗，氣從門入而從窗出，會有財來財去、漏財之象。但經過這幾十年考證，發現根本沒有這個問題；所以近年看風水看見大門對窗已經不作任何化解了。

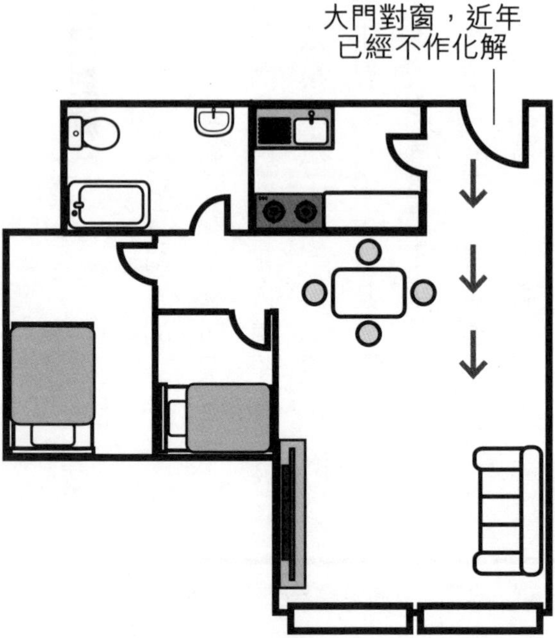
大門對窗，近年已經不作化解

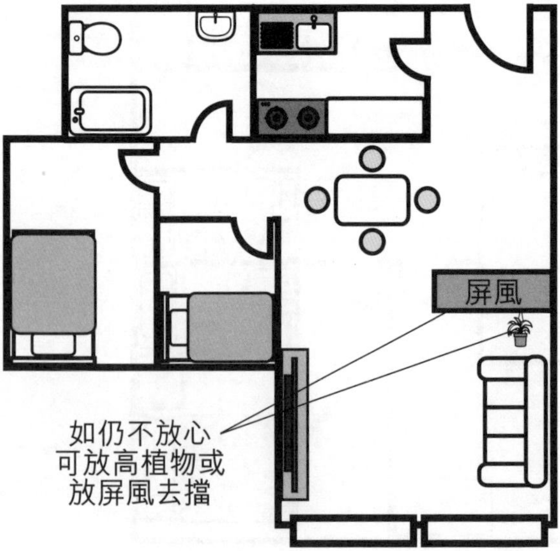
屏風
如仍不放心可放高植物或放屏風去擋

大門對房門

這是沒有問題的，筆者住過一間屋，大門對房門，再對着我睡覺的牀頭，住了一年多也沒發現甚麼問題，睡眠質素也沒有影響。

筆者買這間屋時唯一九九二年，當時並無餘錢裝修，還因賣掉的房子現金未到手，要問客人朋友借了廿萬元周轉，所以根本沒打算裝修，亦沒有閒錢去裝

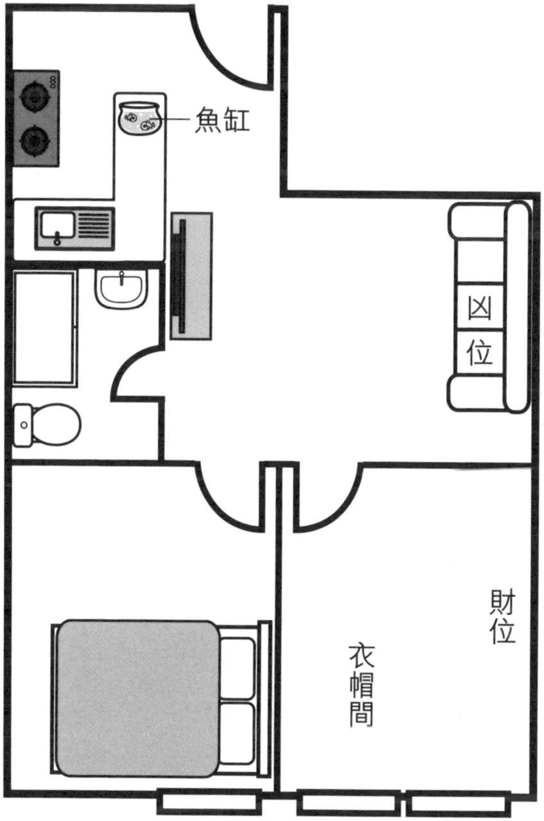

修。這房子大門向東，七運為旺財旺丁局，財位雖然在鄰房，但因為是二樓，窗外非常嘈吵，且對着停車場入口，所以做衣帽間較為適合；而主人房為穩位、吉位，雖然牀頭對房門又對大門，但風水上是沒有問題的。

筆者住了一年多也真的沒有問題，唯一問題是凶位在沙發，很多時候想去街前在沙發躺一躺，但很多時躺下後便覺得很累，就不想再出街了，有時甚至乎會在沙發上睡着也不自知。

從這經驗開始，便知道凶位在沙發不一定是爭吵疾病，反而在凶位睡着的機會最大，故後來我把在凶位的沙發稱之為「瞓覺沙發」，而且是萬試萬靈的，凶位在沙發惹爭吵疾病的則百無一二。

大門對長走廊再對房門

雖然大門直沖的氣較長，但驗證之後也發現沒有問題，所以也是不用化解。

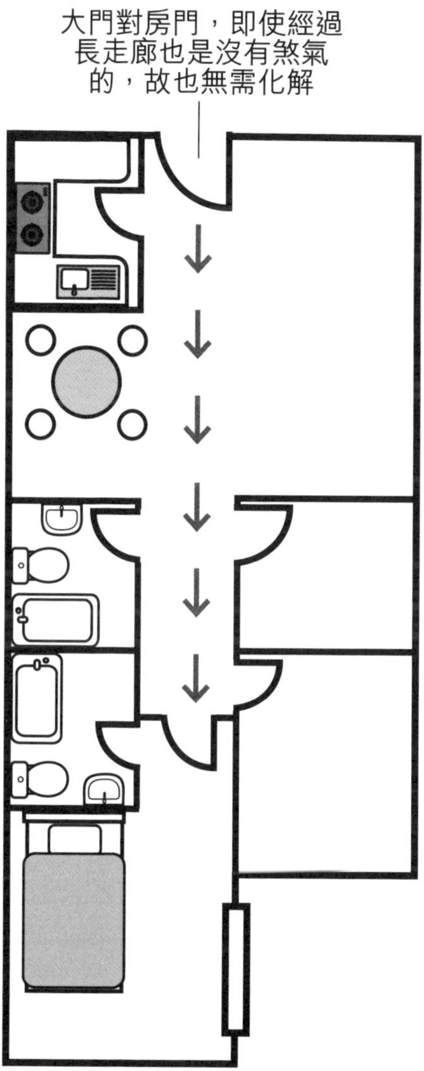
大門對房門，即使經過
長走廊也是沒有煞氣
的，故也無需化解

大門對長走廊再對房門再對窗

經驗證之後發現也不會產生不良影響，不會引致爭吵疾病，也不會引致漏財，故筆者在這十多廿年看到這情況已不作任何化解。

下圖大門對着長走廊，再對房門，然後再對窗，好像直沖去房門之窗外一樣，看似有煞，實質驗證過之後，這樣並不會構成氣沖，並無煞氣，也不會漏財，所以現在遇到這種情況我已經不會放東西去化解。

但如果仍然是不放心的話，可與門直沖窗戶一樣，可以在當中放屏風或放一棵高身的植物去擋。

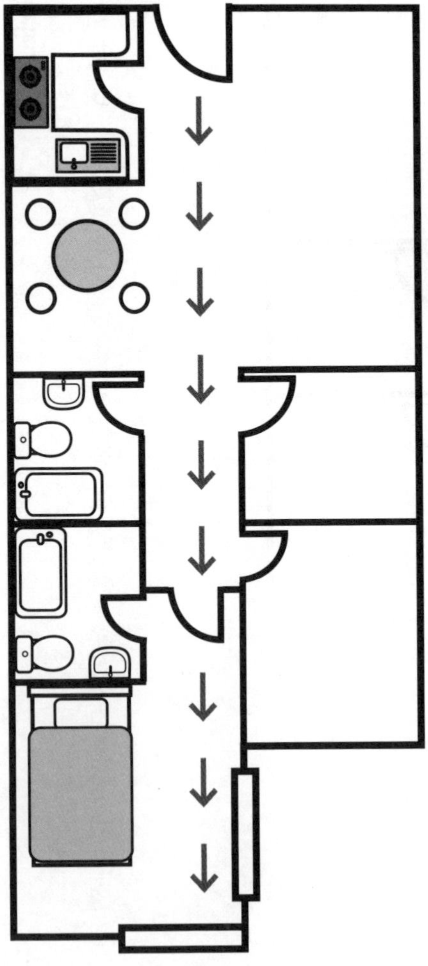

大門入口對牆角

由於室內間隔關係，開門時對着室內的牆角，如果距離近有壓迫感覺，可放植物或將入口調光一些，如果距離遠的話則不用化解。

下圖大門對牆角，距離有五呎算遠，不用化解。

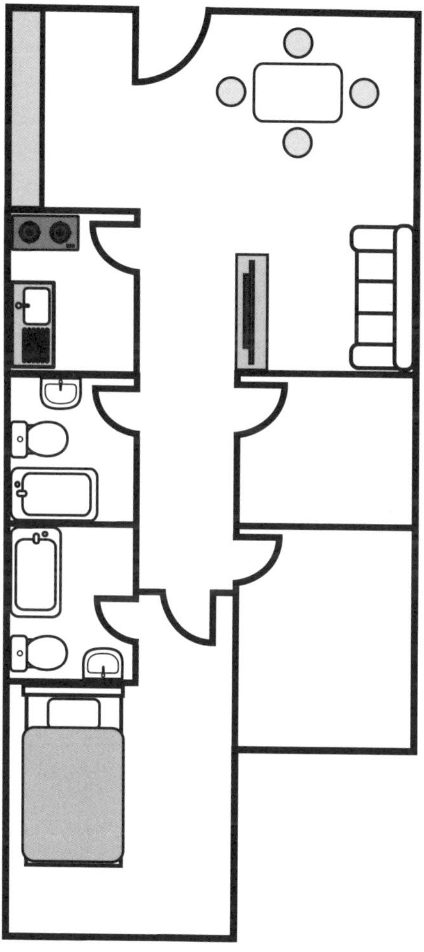

下圖大門對牆角，距離不到五呎，可能只有三呎多，有壓迫感，可以放植物在牆角上擋又或者把玄關燈調亮一些都是一個辦法。

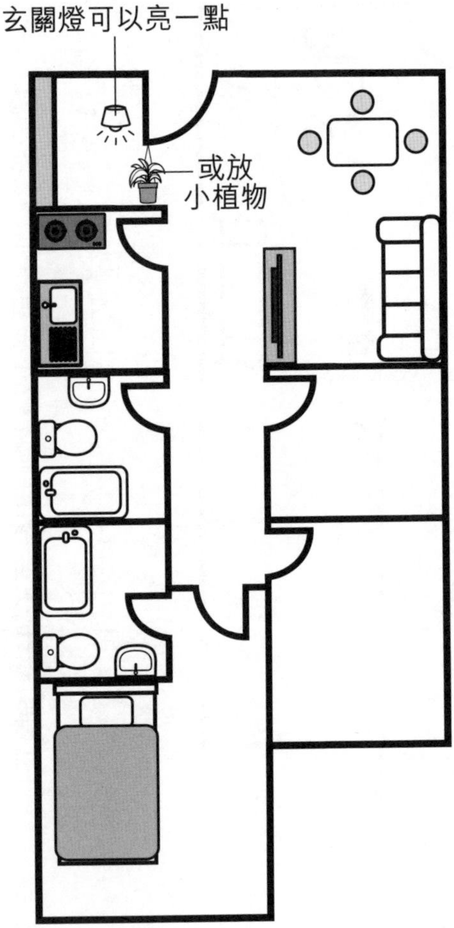

大門對開放式廚房

近年因為流行細單位及開放式單位，開放式廚房變得很常見。有些廚房在大門旁，有些在大門側，有些則對着大門。雖然不是用明火煮食，但是不論電爐或電磁爐，也算是爐灶，也不能對大門的。

以下平面圖是最近常常有機會到現場堪察的灣仔某新型屋苑，無論一房或兩房間隔，都是大門對着開放式廚房煮食爐的，筆者有些客

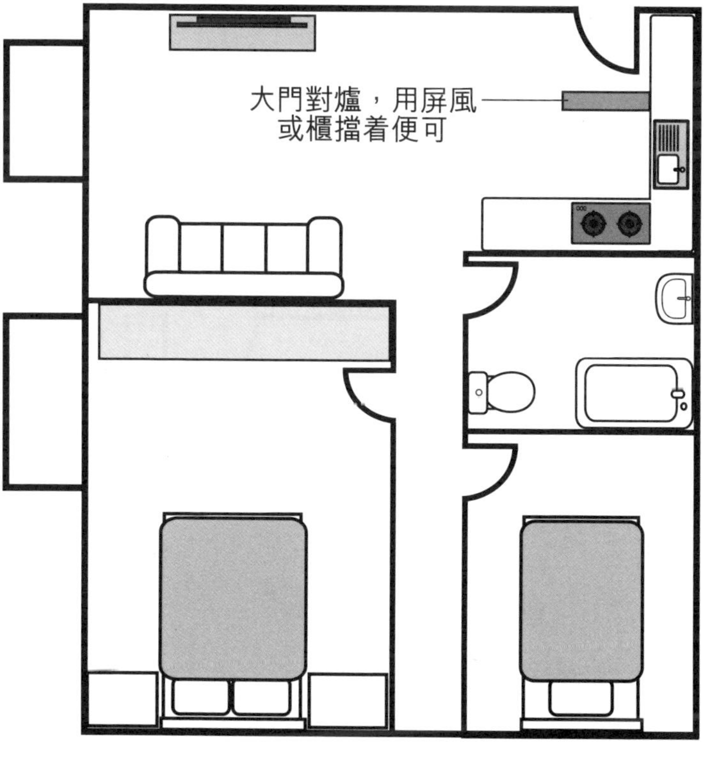

人索性不用煮食爐，甚至把爐頭蓋着；而用的客人，則在爐及大門中間放一個屏風或櫃把爐擋着，尤幸大門與爐灶距離頗闊，中間有足夠位置擺放。

煮食爐的吉凶擺放位置——

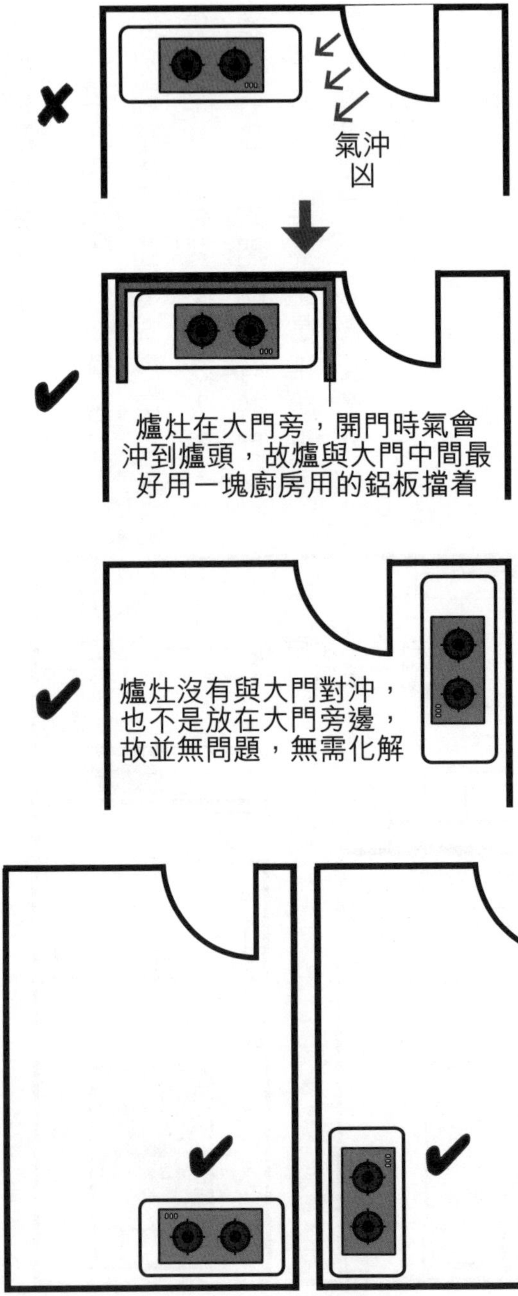

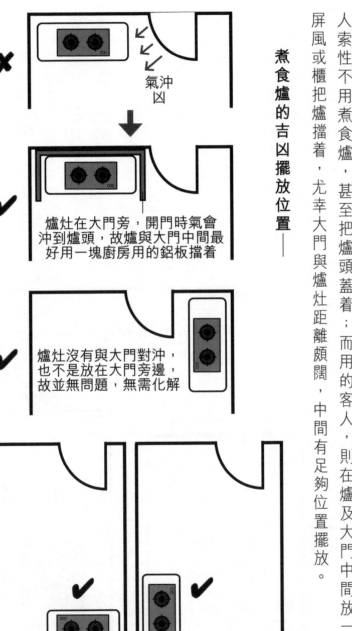

氣沖凶
爐灶在大門旁，開門時氣會沖到爐頭，故爐與大門中間最好用一塊廚房用的鋁板擋着
爐灶沒有與大門對沖，也不是放在大門旁邊，故並無問題，無需化解

大門對外論吉凶

獨立屋才要考慮大門對外會否對居住人有影響，如大門對亂石不利感情；對電線杆不利人緣、感情、身體，及容易影響內分泌；對馬路、行人路，向我為有情，背我為無情；路沖，易見損傷；屋前高速公路，財來財去；對尖塔、爐囱、鮮紅建築物為火煞，易生火災、爭鬥；對教堂獨立十字架，代表受刑，容易患上疾病；對急症室門口、殮房、殯儀館、火葬場陰盛陽衰，容易患上疾病及觸發負面情緒；對消防局門口，陽盛陰衰，容易爭吵、缺乏忍耐力，如受不住陽氣亦容易變成膽小、怕事；門前對地盤動土，必然大病、身心不安，凶事；門前近海為割腳水，財來財去；對三角形建築物的大三角及三角形路沖易見火災。

總之門外對任何吉凶之象，只是對獨立屋或舖面影響大，對一般大廈式的住宅單位影響是輕微而不太重要，最重要的反而是要看單位的大門坐向，所謂入屋看門口，禍福知八九，如果坐向配合元運，即使門向對甚麼也是可以化解的。

單位門對電梯門

這只會加速其氣：風水好的單位會加速其好處，風水不好的單位則加速其壞處。

大門對角

古說左青龍右白虎，單位大門右邊見屋角為白虎回頭，為凶象，會引致人口損傷，但開門對屋角的單位我見不少，不論左邊對角或右

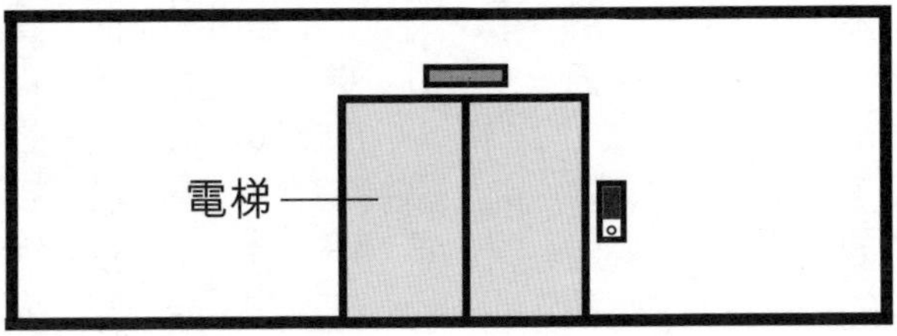

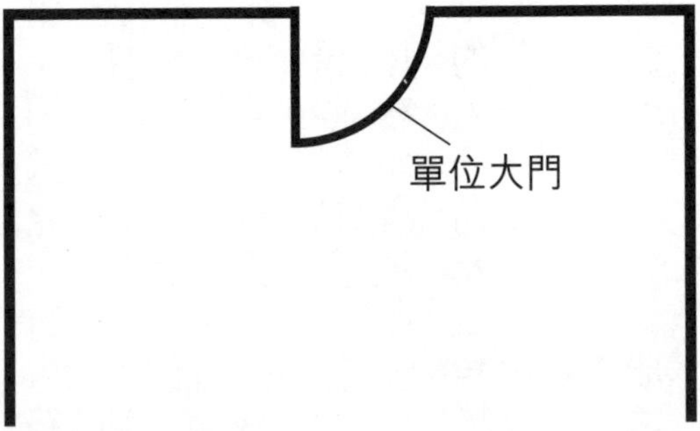

單位門對電梯，只會加強其吉凶效應，
而吉凶是要看單位坐方是否配合六運。

邊對角，都是觀感問題，有些人會覺得不舒服而矣。

不會右邊有角比左邊較凶，如可以的話可在外出見角的位置放植物或吊植物化解。唯這是公家位置，很多時是不可行的。

另一辦法是大門外裝燈，使外面不會聚陰，因光有熱氣場，即使門對角真的有煞氣沖射，也可以把它擋在屋外而不會影響到屋內人的身體。

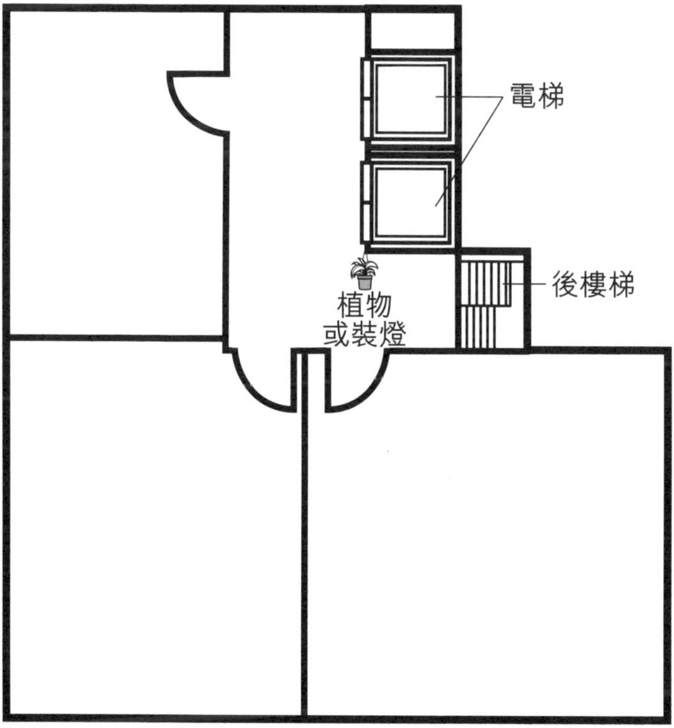

大門見角

大門見角與大門對角不同，因角是沒有對住單位大門，即使有煞氣形成，也不會直沖入自己屋內，所以大門見角不論在左邊白虎位還是右邊青龍位都是無需理會的。

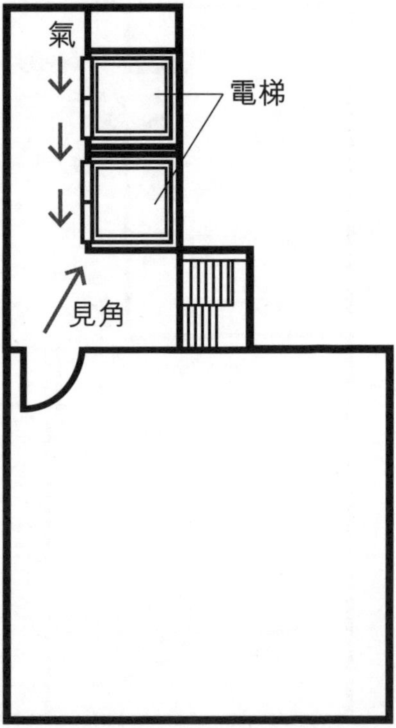

大門對牆

又有人説單位大門不能近對牆，名碰壁煞，做事會處處碰壁，不順利。有時真的很佩服現代風水師的聯想力，其實大門面對牆壁非常普遍及正常，並無煞氣，無需理會。

大門對大門

大門對着別家大門，在香港的建築可說是比比皆是。偏偏又有風水師說，兩門相對，必有一傷，那真是無屋可住了。因大門不是對牆，便是對電梯、牆角或者是對戶，但種種對法都有風水師說是凶象，那不如瞓街好了。喔，瞓街也可能犯了無遮煞、氣蕩煞，那該怎辦呢？

其實現代大廈式建築物，門外對任何情況其影響都不會很大，唯一是不宜大門外見鏡，但最主要還是看自家大門的方位風水好不好。

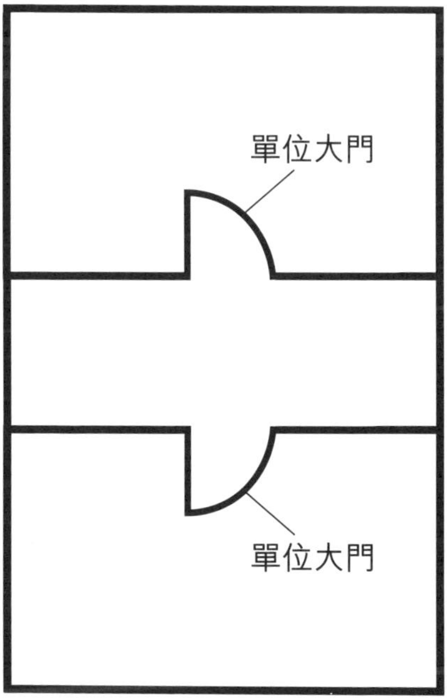

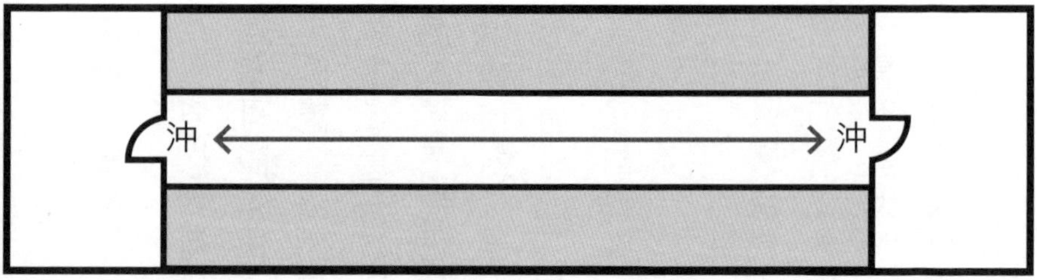

兩門相對相沖

兩門相對，必有一凶，這種情況出現在寫字樓或是工廠大廈的機會比較大。

因兩門相對，中間要有一條很長很長，最少超過兩百呎的長走廊，才會形成沖煞。而這現象在現代的建築出現的機會不大，即使有時政府的房屋會出現這現象，但因走廊一般不是密封的，故煞氣根本不會直沖至對戶，其煞氣在中途已經散盡了。

這種在密封式長走廊頭尾的單位，頭及尾戶大門相對才會有兩門相對必有一傷的影響。而根據我的經驗，一般都是單位面積較小的單位鬥輸，所以兩戶經長走廊相對的單位，很多時候會出現一戶空置的情況。如兩戶面積大小相若，則有機會能夠較長久維持，而不會在三數年內有一所關門。

政府住宅長走廊對門

有些政府住屋也有長走廊對門的情況出現，唯這些走廊的空氣是流通的，不會直沖至對戶形成煞氣，故無需理會。

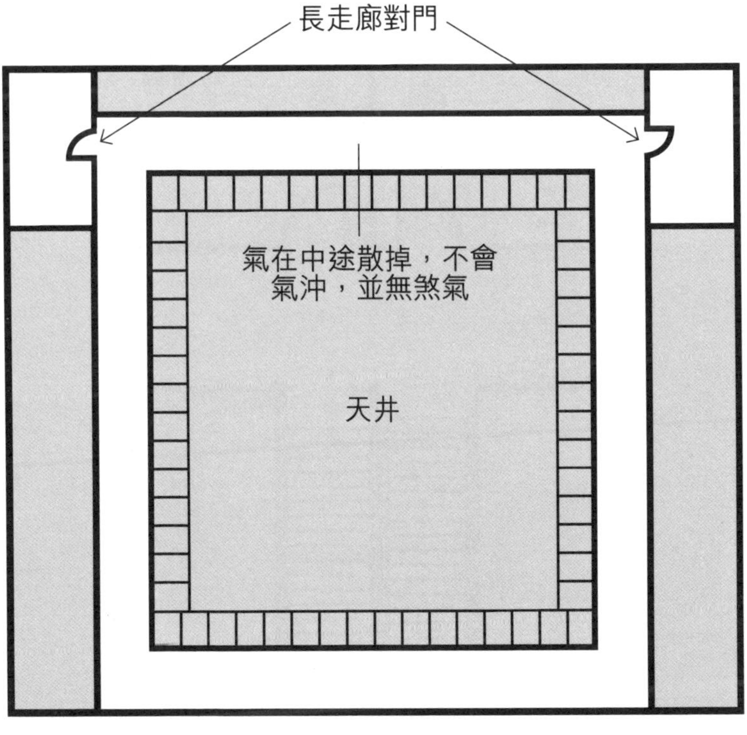
長走廊對門
氣在中途散掉，不會氣沖，並無煞氣
天井

大門對樓梯

除非是行樓梯的唐樓，否則大門對樓梯會有防煙門擋住，不會影響吉凶。

大門對着下樓梯，屋內之氣會沿樓梯漏走，容易漏財、退財；相反，大門對着上的樓梯，則樓梯的氣會沖入屋，雖説入財，但也會形成氣沖，容易爭吵不和。

唯這些舊式樓宇，其陽氣較弱，而陰氣較重，故氣沖的影響不是很大，因陰氣是由實

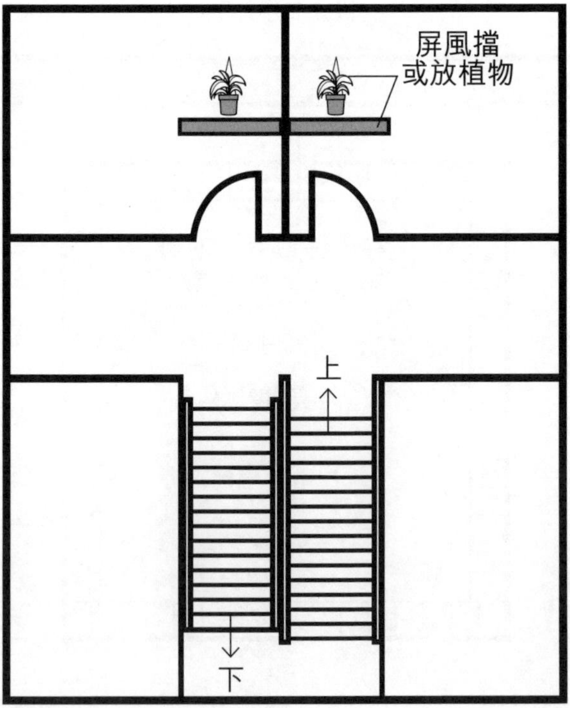

物傳導，而陽氣則由人帶動。唯舊式樓宇其氣靠人流帶動，人流越少，其氣越弱，一般都會出現陰盛陽衰的情況，很多時其吉凶影響是很緩慢的。但不管是吉是凶，在大門內三四呎的位置放置屏風或植物，便可以把其氣截住或擋住，防止其漏財或者氣沖。

但房子的吉凶好壞仍以元運坐向為主，門前對上、下樓梯只是影響而矣，不會改變原來房子坐向的好壞。

大門外對鏡

有些現代樓宇，那些所謂豪宅，有時會在走廊做很多裝飾鏡。如果剛好對着自己的門口，變成門前對鏡，雖然沒有入門見鏡影響那麼大，但亦容易產生不良影響，屋內人容易頭暈及情緒不穩。而這個又比較難化解，因走廊是公共地方，總不能自行把裝飾鏡拆掉，在沒有辦法之下，唯有在自己的門內擺放植物或屏風，望能把影響減至最低。

大門對鏡，容易影響情緒，唯有在門內放屏風或植物擋，望能把影響減至最低。

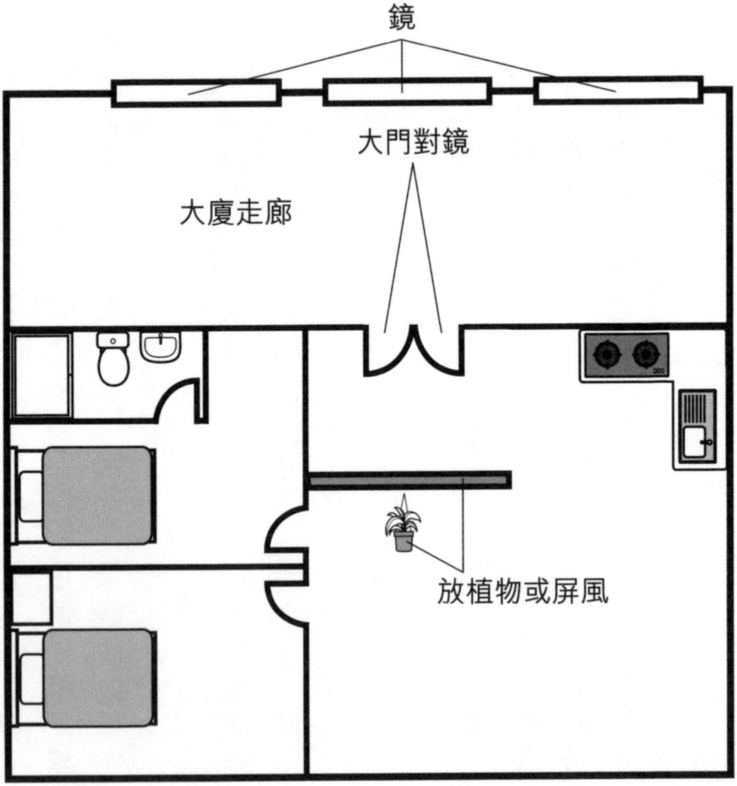

風水擺設

五行（木火土金水）化煞之一切代表

我用的風水擺設一般以五行之金木水火土物件便可，有時在窗外煞氣重時會用到鏡、獅子等物件化解。吸財會用到龍及象等，但都是簡單且隨處找得到的，而其他物件的用法如文昌塔、龍龜、貔貅、獅子等已在《風水天書》詳列。

至於很多其他風水師每年都會發明很多不同的風水物件，可能家中九個方位都要擺些吉祥物，而擺設物件又每年各異，即使是催桃花、催財、化病、化爭鬥等也要每年換上不同的物件。

在這，我只能說是各師各法，各有各的信從，到底要簡單還是複雜，就跟自己所信好了。

五行物件——木火土金水

木——植物，木造物件，青綠色。

火——電，火，熱，燈，紅橙紫色。

土——石，一切天然石造器具，米黃啡色。

金——金屬，古銅錢（古代乾隆、康熙盛世之古錢），現代如女皇頭銅幣，又或者用過的舊鎖匙，銅片，白金銀色。

水——水，任何水種植物，魚缸，黑灰藍色。

犯太歲年配戴物件及裝飾擺設的化解方法

每年都有犯太歲生肖的人詢問可以配戴哪種飾物化解，為方便讀者心安，我的流年書都會提供配戴何種生肖飾物用以化解當年犯太歲的生肖。

其實犯太歲年一般會有三至四個犯太歲生肖的，分別為「犯太歲」、「沖太歲」、「刑太歲」、「害太歲」，而只有肖馬者去到雞年為「破太歲」，但有時有些廟宇每年都會掛出六個生肖都犯太歲，實在難以理解。

現為使各位讀者易於了解，列表如下及提供配戴物件的化解方法。

犯太歲年配戴物件

・肖鼠

遇鼠年──犯太歲，配戴牛形飾物

遇馬年──沖太歲，配戴猴形飾物

遇兔年──刑太歲，配戴牛形飾物

遇羊年──害太歲，配戴猴形飾物

・肖牛

遇牛年——犯太歲，配戴鼠形飾物

遇羊年——沖太歲，配戴雞、兔形飾物

遇狗年——刑太歲，配戴鼠形飾物

遇馬年——害太歲，配戴虎形飾物

・肖虎

遇虎年——犯太歲，配戴豬形飾物

遇猴年——沖太歲，配戴鼠、馬形飾物

遇蛇年——刑害太歲，配戴雞形飾物

・肖兔

遇兔年——犯太歲，配戴狗形飾物

遇雞年——沖太歲，配戴蛇、牛形飾物

遇鼠年——刑太歲，配戴狗形飾物

遇龍年——害太歲，配戴豬形飾物

• 肖龍

遇龍年——犯、刑太歲，配戴雞形飾物

遇狗年——沖太歲，配戴鼠、馬形飾物

遇兔年——害太歲，配戴豬形飾物

• 肖蛇

遇蛇年——犯太歲，配戴雞形飾物

遇豬年——沖太歲，配戴雞形飾物

遇虎年——刑太歲，配戴雞形飾物

遇猴年——刑太歲，配戴雞形飾物

• 肖馬

遇馬年——犯、刑太歲，配戴羊形飾物

遇鼠年——沖太歲，配戴猴、虎形飾物

遇牛年——害太歲，配戴虎形飾物

• 肖羊

遇羊年——犯太歲，配戴馬形飾物

遇牛年——沖太歲，配戴雞、兔形飾物

遇狗年——刑太歲，配戴馬形飾物

遇鼠年——害太歲，配戴猴形飾物

• 肖猴

遇猴年——犯太歲，配戴鼠形飾物

遇虎年——沖太歲，配戴鼠形飾物

遇蛇年——刑太歲，配戴鼠形飾物

遇豬年——害太歲，配戴鼠形飾物

• 肖雞

遇雞年——犯、刑太歲，配戴龍形飾物

遇兔年——沖太歲，配戴豬、蛇形飾物

遇狗年——害太歲，配戴蛇形飾物

遇馬年——破太歲，配戴龍形飾物

• 肖狗

遇狗年——犯太歲，配戴兔形飾物

遇龍年——沖太歲，配戴馬形飾物

遇羊年——刑太歲，配戴兔形飾物

遇牛年——刑太歲，配戴兔形飾物

遇雞年——害太歲，配戴蛇形飾物

・肖豬

遇豬年——犯、刑太歲，配戴虎形飾物

遇蛇年——沖太歲，配戴雞、兔形飾物

遇猴年——害太歲，配戴鼠、兔形飾物

在家中及辦公室化解犯太歲方法

配戴飾物方面，無論吊墜、手鏈、平面或是立體的都可以，但如果不方便配戴的話，亦可以在家中或者辦公室的地方放置那種生肖的擺設，而擺設方面是一定要配合方位的，其次如果物料及顏色亦能配合的話會更佳。

現將需要放置的生肖擺設方位、物料、顏色詳述如下：

生肖擺設／方位色料	方位	物料	顏色
鼠形	北方	水晶、玻璃	透明、黑、灰、藍
牛形	東北	石製	天然石色、米、黃、啡
虎形	東北	木製	天然木色，青、綠
兔形	正東	木製	天然木色，青、綠
龍形	東南	石製	天然石色、米、黃、啡
蛇形	東南	螢光、電動	紅、橙、紫

生肖擺設／方位色料	方位	物料	顏色
馬形	正南	螢光、電動	紅、橙、紫
羊形	西南	石製	天然石色、米、黃、啡
猴形	西南	金屬	金屬顏色、白、金、銀
雞形	正西	金屬	金屬顏色、白、金、銀
狗形	西北	石製	天然石色、米、黃、啡
豬形	西北	水晶、玻璃	透明或黑、灰、藍

教你看通勝與擇日基本法

擇個吉日，揀對時辰才動手搬屋，搬得順利之餘，之後又住得安心，運氣自然更好。現在就教你如何看《通勝》、擇吉日、揀時辰搬屋入伙。只要再配合簡單的入伙儀式，就可讓你安居樂業，大吉大利。至於要否配合宗教儀式，則視乎個人的信仰而定。

搬屋入伙流程

步驟一——擇吉日

翻開《通勝》，在「宜」字下面見到「移居」、「移徙」或「安牀」字眼的日子，就可以搬屋及安裝睡牀。又或見到「入宅」一詞，亦表示該日適宜入伙。

為使讀者了解更多，現按不同事項的分類，列出不同吉日的字眼和意思：

嫁娶

- 納采（提親）
- 問名（問女方名）
- 納吉（合婚）
- 納徵（過大禮）
- 請期（擇日結婚）
- 親迎（去女方家）
- 訂盟（納徵、訂婚、文定、定聘、過定）

- 裁衣（裁結婚或壽衣）
- 安牀
- 合帳（結婚安蚊帳）
- 開容（換面、除面色、化妝）
- 嫁娶
- 納婿

搬遷/裝修

- 移徙
- 入宅
- 破屋壞垣（拆外牆）
- 拆卸（拆除建築物）
- 豎造
- 動土
- 起基
- 伐木（造樑柱之木）
- 開柱
- 定樑
- 豎柱上樑
- 蓋屋
- 開渠

- 安門
- 架馬（即搭棚）
- 拆灶
- 置產
- 安砛（門前石級）
- 安磨
- 垣牆
- 補垣牆
- 造倉
- 修倉
- 買宅受田（買或他人贈屋、田）
- 作廁
- 築堤

- 穿井
- 開池（開池塘）
- 作陂（連造水池，陂池）
- 放水（水池放水）
- 補垣塞穴
- 平治道塗（房屋周圍鋪路）
- 造廟
- 造橋

儀禮

- 分居（家族分家）
- 剃頭（BB剃頭）
- 整手足甲（BB首次剪甲）
- 沐浴（BB首次洗身）
- 入學
- 冠拜（男二十，女十五成人）
- 療目
- 針刺
- 進人口（收養子、義子、工人、家丁）
- 會親友
- 進壽（做生日）
- 出行（旅行）
- 上官赴任
- 求醫療病
- 掃金寧
- 訴訟、告人

祭祀

- 祭祀
- 祈福
- 設醮（祭祀神功求除災、少火災、求豐收）
- 求嗣
- 解除（請法師消災）
- 塑繪（做神像）

步驟二——查相沖生肖

在《通勝》裏頭，適宜入伙、安牀或搬屋的日子，都會附有一個地支（每個地支代表一個生肖），又此地支會沖剋另一個地支（見下頁「相沖生肖表」），所以要小心。

相沖生肖表	
地支	相沖生肖
子（鼠）	午（馬）
丑（牛）	未（羊）
寅（虎）	申（猴）
卯（兔）	酉（雞）
辰（龍）	戌（狗）
巳（蛇）	亥（豬）
午（馬）	子（鼠）
未（羊）	丑（牛）
申（猴）	寅（虎）
酉（雞）	卯（兔）
戌（狗）	辰（龍）
亥（豬）	巳（蛇）

為使讀者更加明白，現舉例如下：

如揀選了戌日，就表示肖狗日沖剋肖龍的家人，如家中有屬龍的家人遇戌日入伙，就要在進行入伙儀式時離開一會。

步驟三——選吉時

入伙當日要選取吉時進行儀式，又《通勝》通常會用紅色字表示吉時，例如「子吉」、「丑吉」等。但如見到「寅中」、「辰中」等字，亦宜入伙，只要不是用黑字寫「凶」就可以。

時辰與時間對照表	
時辰	**標準時間**
子時	23:00 至 1:00
丑時	1:00 至 3:00
寅時	3:00 至 5:00
卯時	5:00 至 7:00
辰時	7:00 至 9:00
巳時	9:00 至 11:00
午時	11:00 至 13:00
未時	13:00 至 15:00
申時	15:00 至 17:00
酉時	17:00 至 19:00
戌時	19:00 至 21:00
亥時	21:00 至 23:00

步驟四——煲水取意頭

萬事俱備，就可以進行入伙儀式。

首先，要開爐煲水，然後飲一口水，便代表這間屋已正式入伙、正式運作了。另外，你亦可以選擇煮飯。不過，記得煮熟的飯和煲滾的水要飲食才算正式入伙（如有宗教信仰，則宗教儀式先行，然後再煲水）。

至於公司入伙，則依以上步驟一、二、三進行，而步驟四就改為在入伙前，先用紅紙把招牌蓋住，然後在吉時才把紅紙拿下。如有酒會，亦可以在此時開始。

註：住屋及商舖、寫字樓皆以入伙儀式為重，因搬遷不可能在吉時內完成，況且有些時候要搬三數天才能完成。

風水、八字、掌相、面相、占卜，各有不同用處

陰宅風水

陰宅在現代社會應用不廣，一般習陰宅者以研究性質居多，較少能活學活用，驗證也較困難，巒頭尚可，理氣則更難驗證，很多學者覆古人之墳，最多也只是推果求因而已，是耶非耶，很多憑老師解説或自己給一個答案而已。

現代之陰宅已不能像古代般去尋龍點穴，原居民尚可找一幅風水較佳之地，而一般葬於公墓的，最多只能挑選一個當運的坐向而已。然亦有些風水師會幫客人尋一幅吉地，讓客人之祖輩偷偷下葬，唯這樣做，這術者已其心不正，相信能遇到福地的幾稀矣。

陽宅風水

陽宅，這是現代風水應用最廣的一環，不論工商業或住宅商舖，其應用還是很廣的，故驗證也會較為容易，而且亦必需跟隨着不同的建築風格、居室形狀、室內的不同間隔去判斷其吉凶，還要去不斷更新，才能配合到現代社會之應用。唯這只對巒頭而言，理氣方面還是沿用古時遺留下來的八宅、飛星、玄空等去推斷整體及流年之吉凶。而陽宅風水是對在生的居住或使用者的吉凶影響，故其結果是不難察覺的，唯風水對人命只是起了影響的作用，而其大抵吉凶，仍舊以其出生的命理為主。

八字

八字，即人生於世上時的出生年月日時間，人出生的一剎那，已經受了宇宙的牽引而有其既定軌跡，有些人軌跡一直向上，一些則持續向下，更多的是平平凡凡，間有些吉凶順逆交替而來，唯這是先天上升或下降的軌跡，跟成功與否不一定有直接關係，因即使在上升軌跡中，那只是代表做事順利，財源日進，但也可因人之因循頹懶而沒有甚麼大成就。

相反，即使一生人都在下降軌跡中，也可能因後天的努力與人和，讓自己能衣食豐足地活下去而不致於三餐不繼，一生平凡者亦要接受自己的平凡，不要貪圖妄想，讓自己陷入危機當中，故古有云「不知命無以為君子」，又云「知命安命」。

掌相面相

掌相與面相是相應的，掌相可觀察人之內心所想，而面相則剛好是把你想顯露在人前的你的表徵，故掌相為真正的你而面相為表面的你。有些人面闊掌窄，表面上好像很堅毅的樣子，但其內心卻非常柔弱；相反，面尖掌闊，則內心有着堅忍的個性而表面柔和而矣。

正所謂相由心生，面相會因其不同所想而跟着改變；而掌相在掌型及指骨方面能改變的機會不大，故其大格局早已定下來，會改變的只是掌紋而矣。而掌紋與面相一樣，是隨着不同的際遇或狀況去改變，如生命線，如果多些鍛煉，體質強健了，其常用的手（一般人為右手）的生命線也會隨之而變深變清，頭腦線亦然，一般人大多常用手（右手）的頭腦線較不常用手會平一些，而不常用手頭腦線線尾會下垂一些，因為下垂是幻想，平是現實，而常用手看三十歲後直至晚年，而一般人年紀大了會現實一些。故看相不能不看掌，看掌亦不能不看相，知表裏才可知這個人的全部，從而找出其缺點、優點而讓他盡量去改善及發揮。

占卜

占卜，與掌相、面相、八字命理不同，專用來查問單一事件，如可轉工否，會分手或結婚否，適宜與某人合作否，因命相八字是看宏觀大局，唯單一的是或否，有時從命相方面不一定能給予肯定答案，這時便要借用到占卜去尋求單一答案，而這占卜不論是求籤、問卦、塔羅牌、測字等等，其術法不同，唯目的是一樣的，都是為單一事件而去尋求一個較肯定的答案。

附錄：古風水名篇

《飛星賦》

周流八卦，顛倒九疇，察來彰往，索隱探幽，承旺承生，得之足喜，逢衰逢謝，失則堪憂。

人為天地之心，凶吉原堪自主，易有災祥之變，避趨本可預謀，小人昧理妄行，禍由己作，君子待時而動，福自我求。

試看復壁揖身，壯途躓足，同人車馬馳驅，小畜差徭勞碌。

乙辛兮家室分離，辰酉兮閨幃不睦，寅申觸巳曾聞處啞家人，壬甲排庚最異龍摧屋角，或被犬傷，或逢蛇毒。

青樓染疾，只因七弼同黃，寒戶遭瘟，緣自三廉夾綠。

赤紫兮致災有數，黑黃兮釀疾堪傷。

交至乾坤，吝心不足。
同來震巽，昧事無常。
戌未僧尼，自我有緣何益。
乾坤神鬼，與他相剋非祥。
當知四蕩一淫，淫者扶之歸正。
須識七剛三毅，剛毅者制則生殃。
碧綠風魔，他處廉貞莫見。
紫黃毒藥，鄰宮兌口休嘗。
酉辛年，戊己弔來喉間有疾。
子癸歲，廉貞飛到陰處生瘍。
豫擬食停，臨云洩痢，頭嚮兮六三，乳癰兮四五。
火暗而神志難清，風鬱而氣機不利。
切莫傷夫坤肉震筋，豈堪損手離心艮鼻。

震之聲，巽之色，向背當明。
乾為寒，坤為熱，往來切記。
須識乾爻門向，長子癡迷。
誰知坤卦庭中，小兒顚頇。
因星度象，木反則兮無仁。
以象推星，水欹斜兮失智。
砂形破碎，陰神值而滛亂無羞。
水勢斜衝，陽卦憑則是非牽累。
巽如反臂，總憐流落無歸。
乾若懸頭，更痛遭刑莫避。
七有葫蘆之異，醫卜興家。
七逢刀盞之形，屠沽居肆。
旁通推測，木工因斧鑿三宮。

觸類引伸，鐵匠緣鉗鎚七地。
至若蛾眉魚袋，衰卦非宜。
猶之旗鼓刀鎗，賤龍則忌。
赤為形曜，那堪射脇水方。
碧本賊星，怕見探頭山位。
若夫申尖興訟，辰碎遭兵。
破近文貪，秀麗乃溫柔之本。
赤連碧紫，聰明亦刻薄之萌。
五黃飛到三叉，尚嫌多事。
太歲推來向首，尤屬堪驚。
豈無騎線遊魂，鬼神入室。
更有空縫合卦，夢寐牽情。
寄食依人，原卦情之戀養。

拋家背父，見星性之貪生。
總之助吉助凶，年星推測。
還看應先應後，歲運經營。

《玄空秘旨》

不知來路，焉知入路，盤中八卦皆空。
未識內堂，焉識外堂，局裏五行盡錯。
乘氣脫氣，轉禍福於指掌之間，左挨右挨，辨吉凶於毫芒之際。
一天星斗，運用只在中央，千瓣蓮花，根蒂生於點滴。
夫婦相逢於道路，卻嫌阻隔不通情，兒孫盡在於門庭，猶忌凶頑非孝義。
卦爻雜亂，異性同居，吉凶相併，螟蛉為嗣。
山風值而泉石膏肓，午酉逢而江湖花酒。

虛聯奎壁，啟八代之文章。
胃入斗牛，積千箱之王帛。
雞交鼠而傾瀉，必犯徒流，雷出地而相衝，定遭桎梏。
火剋金兼化木，數驚回祿之災。
土制水復生金，自主田莊之富。
木見火而生聰明奇士。
火見土而出愚鈍頑夫。
無室家之相依，奔走於東西道路。
鮮姻緣之作合，寄食南北人家。
男女多情，無媒灼則為私約。
陰陽相見，遇冤仇而反無冤。
非正配而一交，有夢蘭之兆。
得干神之雙至，多折桂之英。

陰神滿地成群，紅粉場中空快樂。
火曜連珠相值，青雲路上自逍遙。
非類相從，家多淫亂，雌雄配合，世出賢良。
棟入南離，驟見廳堂再煥，車驅北闕，時聞丹詔頻來。
苟無生氣入門，糧艱一宿，會有旺星到穴，富積千鍾。
相剋而有相濟之功，先天之乾坤大定。
相生而有相凌之害，後天之金木交併。
木傷土而金位重重，雖禍有救。
火剋金而水神疊疊，災不能侵。
土困水而木旺無妨。
金伐木而火熒何忌。
吉神衰而忌神旺，及入室而操戈。
凶神旺而吉神衰，直開門而揖盜。

重重剋入，立見消亡，位位生來，連添財喜，不剋我而我剋，多出鰥寡孤獨之人，不生我而我生，乃生俊秀聰明之子。

為父所剋，男不招兒，被母所傷，女不成嗣。

後人不肖，因生方之反背無情。

賢嗣承宗，緣生位之端拱朝揖。

我剋彼而反遭其辱，因財帛以喪身。

我生之而反被其災，為難產以致死。

腹多水而膨脹，足以金而蹣跚。

巽宮水路纏乾，懸樑之厄。

兌位明堂破震，主吐血之災。

風行地而硬直難當，室有欺姑之婦。

火燒天而張牙相鬥，家生罵父之兒。

兩局相關，必生雙子，孤龍單結，定主獨夫。

坎宮高塞而耳聾，離位摧殘而目瞎，兑缺陷而唇亡齒寒，艮傷殘而筋枯臂折，山地被風還生瘋疾，雷風金伐定被刀傷。

家有少亡，只因沖殘子息卦。

庭無耋耄，多因裁破父母爻。

漏道在坎宮，遺精洩血。

破軍居巽位，顛疾風狂。

開口筆插離方，必落孫山之外。

離鄉砂見艮位，定遭驛路之亡。

金水多情，貪花戀酒。

水金相反，背義忘恩。

震庚會局，文臣而兼武將之權。

丁丙朝乾，貴客而有耆耄之壽。

天市合丙坤，富堪敵國。

離壬會子癸，喜產多男。
四生有合人文旺，四旺無沖田宅饒。
丑未換局而出僧尼，震巽生宮而生賊丐。
南離北坎，位極中央。
長庚啟明，交戰四國。
健而動，順而動，動非佳兆。
止宜靜，順而靜，靜亦不宜。
富比陶朱，斷是堅金遇土。
貴比王謝，總緣喬木扶桑。
辛比庚而辛要精神。
甲附乙而甲亦靈秀。
癸為元龍，壬號紫氣，昌盛名得有因。
丙臨文曲，丁近傷官，人財因之耗乏。

見祿存瘟瘽必發，遇文曲蕩子無歸。
值廉貞而頓見火災，逢破軍而多虧身體。
四墓非吉，陽土陰土之所裁。
四生非凶，卦內卦外由我取。
若知禍福緣由，妙在天心橐籥。

《玄機賦》

大哉居乎，成敗所系，危哉葬也，興廢攸關，氣口司一宅之樞，龍穴樂三吉之輔。

陰陽雖云四路，宗支只有兩家，數列五行，體用恩仇始見，星分九曜，吉凶悔吝斯章，宅神不可損傷，用神最宜健旺，值難不傷，蓋因難歸閒地，逢恩不發，祇緣恩落仇宮，一貴當權，諸凶懾服，眾凶剋主，獨力難支，火炎土燥，南離何益乎艮坤，水冷金寒，坎癸不滋乎乾兌，然四卦之互交，固取生旺，八宮之締合，自有假真，地天為泰，老陰之土生老陽，若坤配兌女，庶妾難投寡母之歡心，澤山為咸，少男之情屬少女，若艮配純陽，鰥夫豈有生之機兆，乾兌託假鄰之誼，坤艮通偶爾之情，雙木成林，雷風相薄，中爻得配，水火方交，木為火神之本，水為木氣之元，巽陰就離，風散則火易熄，震陽生火，雷奮而火尤明，震與坎為乍交，離共巽而暫合，坎元生氣，得巽木而附寵聯歡，乾乏元神，用兌金而傍城借主，風行地上，決定傷脾，火照天門，必當吐血，木見戌朝，莊生難免鼓盆之歎，坎流坤位，買臣常遭婦賤之羞，艮非宜也，筋傷股折，兌不利歟，唇亡齒寒，坎宮缺陷而墮胎，離位巉巖而損目，輔臨丁丙，位列朝班，巨入艮坤，田連阡陌，名揚科第，貪狼星在巽宮，職掌兵權，武曲峰當庚兌，乾首坤腹，八卦推詳，癸足丁心，十干類取，木入坎宮，鳳池身貴，金居艮位，烏府求名，金取土培，火宜木相。

《玄空紫白訣》（上、下篇）

上篇

紫白飛宮，辨生旺退煞之用，三六分運，判盛衰興廢之時，生旺宜興，運未來而仍替，退殺當廢，運方交而尚榮，總以氣運為之君，而吉凶隨之變化。

以圖運論體，書運論用，此法之常也；以圖運參書，書運參圖，此法之變也；河圖之運，以甲丙戊庚壬五子配木火土金水五行，五子分元，五行定運，秩然不紊。

凡屋層與間，值水數者；喜金水運，值木數者，嫌金火運，火金土數依此類推。生運發丁而漸榮，旺運發祿而驟富，退運必冷退絕嗣，殺則橫禍官災，死主損丁，吉凶常半，應如桴鼓，圖運有然，九運遇此，喜忌亦同，木星金運，宅逢劫盜之凶，火曜木元，人沐恩榮之喜，書可參圖蓋如是也。

洛書之運，上元一白，中元四綠，下元七赤，各管六十年謂之大運，上元一、二、三，中元四、五、六，下元七、八、九，各管二十年謂之小運，元運既分，更宜論局，如八山上元甲子甲戌二十年，得一白龍穴，一白方砂水，一白方居住，名元龍主運，發福非常，至甲申甲午二十年，得二黑龍穴，二黑方砂水，二黑方居住，名旺星當運，發福亦同，一元如是，三元可知，二者不可得兼，或當一白司令而震巽受元運之生，四綠乘時而震巽合元運之旺，此方居住亦慶吉祥。

先天之坎在兌，後天之坎在坤，上元之坤兌未可言衰，先天之巽在坤，後天之巽在兌，中元之兌坤亦可云旺，此卦之先後天運可合論者也，一白司上元而六白同旺，四祿主中元而九紫均興，七赤居下元而二黑並發，此即河圖一六共宗，二七同道，三八為朋，四九為友之義，圖可參書，不信然乎。

或局未得運，而局之生旺財方，有六事得地者，發福亦同，水為上，山次之，高樓殿塔亭台之屬，又次之也，再論其山與山之六事，如門路井竈之類，次論其層與層之六事，或行大運，或行小運，俱可富榮，否則佈置六事合山與層及其間數生旺，則關殺俱避，若河洛二運未交僅可小康而已。

夫八門之加臨，非一九星之吊替，多方納音支干之管殺，有統臨專臨之名，而入中太歲之為旺為生，最宜詳審，管山星宿之穿宮，有逆龍順飛之例，而入中禽星之或生或剋，尤貴同參。

何謂統臨，即三元之甲也，六甲雖同，三元之泊宮則異，中宮之支干納音亦異。

如上元一白坎，於本宮起甲子，逆數至中宮得己巳，木音也，中元白綠巽，於本宮起甲子，逆數至中宮得壬申，金音也，下元七赤兑，於本宮起甲子，逆數至中宮得丙寅，火音也，每十年一易，此其異也。

如上元甲子十年，己巳在中宮，甲戌十年，則己卯中宮，中元甲子十年，壬申在中宮，甲戌十年則壬午也。

每甲以中宮納音，復以所泊宮星，與八山論比，此所謂統臨之名也。

何謂專臨，即六甲旬飛到八山之干支也，三元各以本宮所泊，隨宮逆數至本山，得何干支，即以此干支入中宮順佈，以論八方，生旺則吉，剋殺則凶，又當與本宮原坐星殺合論，或為生見生，或為生見殺，或為旺見生，或為旺見退，禍福霄壤，一一參詳，此所謂專臨之名也。

統臨專臨皆善，吉莫大焉，統臨不善而專臨善，不失為吉，統臨善而專臨不善，不免於凶，然凶猶未甚也，若統臨專臨皆不善，斯凶禍之來莫可救矣。

至於流年干支，亦入中宮順飛，以考八山生旺，如其年不得九星之吉而得歲音之生旺，則修動亦獲吉徵。

禽星穿宮，當先明二十四山入中之星，巽角木，辰亢金，乙氐土，卯房日，甲心月，尾火，寅箕水，艮斗木，丑牛金，癸女土，子虛日，壬危月，室火，亥壁水，乾奎木，戌婁金，辛胃土，酉昴日，庚畢月，觜火，申參水，坤井木，未鬼金，丁柳土，午星日，丙張月，翼火，巳軫水，各以坐山所值之禽星，入中順佈，以論生剋，但山以辰戌分界，定其陰陽，自乾至辰為陽山，陽順佈；自巽至戌為陰山，陰逆行。星生宮者，動用與分房吉；星剋宮者，動用與分房凶。

流年之禽星，則以值年之星入中宮，陽年順飛，陰年逆飛，而修造之休咎，於此可考。

八門加臨者，乾山起艮，坎山起震，艮則加巽，震則從離，巽從震，離從乾，坤從坤，兑從兑，以起休門，順行八宮，分房安牀，獨取開休生為三吉。

又有三元起法，上元甲子起乾，順行四維，乾退巽坤，周而復始，中元甲子起坎，順行四正，坎震離兑，下元甲子起艮，順行四維，艮巽坤兑。

論流年係何宮起休門，亦論其山之陰陽順逆，如寅甲為陽，陽主順，乙卯為陰，陰主逆，但取門生宮，宮門比和為吉，宮剋門次之，宮生門則空，門剋宮則大凶。

九星弔替者，如三元九星，入中飛佈，均謂之弔，而年替年，月替月，層替方，門替間，皆以替名。

如上元甲子年，一白入中宮，輪至子上，乃歲支，係六白，即以六白入中飛佈八方，視其生剋，而支上復得二黑，是年替年也。

又如子年三月，六白入中宮，輪至辰上，三月建係五黃，即以五黃入中宮，輪見八方伏位，而月乃復四綠，是月替月也。

如二層屋，下元辛亥年，五黃入中，六白到乾，以六白入中，輪佈八方而論生剋，是層替方也。

又二層屋，二黑居中，如開離門，則六白為門星，辛亥年五黃入中，見九紫到門，剋原坐金星，復以九紫入中，輪數八方，而六白到坤及第七間，是門替間也。

此河圖之妙用，運令之災祥，無不可以預決矣。

四一同宮，準發科名之顯，九七合轍，常招回祿之災，二五加臨罹死亡並生疾病，三七疊至，被劫盜更見官災。

蓋四祿為文昌之神，職司祿位，一白為官星之應，主宰文章，還宮復位固佳，交互疊逢亦美。

故三九、九六、六三，惟乾、離、震，攀龍有慶，而二五八之位，亦可蜚聲。

一七、七四、四一，但坤艮中附鳳為祥，而四、七、一之房均堪振羽。

八二、二五、五八，在兑巽坎，登雲足賀，而三、九、六之屋俱足題名。

遇退殺可無嫌，逢生旺而益利，年與運固須並論，運與局尤貴參觀。

運氣雙逢分大小，年月加會辨三元，但住宅以局方為主，層間以圖運為君。

故坤局兑流，左輔運臨，科名獨盛，艮山庚水，巨門運至，甲第流芳，下元癸卯，坎局之中宮癸科，歲在壬寅，兑宅之六門入泮。

此白衣求官，秀士赴舉，推之各有其法，而下僚求陞，廢官思起，作之亦異其方。

夫殺旺，須求身旺為佳，造塔堆山，龍極旺宮加意，制殺不如化殺為貴，鐘樓鼓閣，局山生旺施工。

七赤為先天火數，九紫為後天火星，旺宮單遇，動始為殃，煞處重逢，靜亦肆虐，或為廉貞疊至，或為都天加臨，即有動靜之分，均有火災之患，是故亥壬方之水故宜通，通者閉之，則登時作祟，右弼方之池塘可鑿，鑿者填之，則隨手生殃。

廟宇刷紅，在一白煞方，尚主瘟火，樓台聳𥪡，當七赤旺地，豈免炎災，建鐘樓於煞地，不特亢旱常遭，造高塔於火宮，須知生旺難恃，但一宮而二星同到，必片刻而萬室全灰。

巽方庚子造高樓，坎艮二局俱焚，而坤局之界不犯，巳上丙午興傑閣，巽中離、兌皆燼，而艮局遠方不侵，知此明徵，不難避禍。

正煞為五黃，不拘臨方到間，人口常損，病符為二黑，無論流年小運，疾病叢生，五主孕婦受災驚，黃遇黑時出寡婦，二主宅母多病患，黑逢黃至出鰥夫，運如已退，廉貞逢處不一，總以避之為良，運若未交，巨門交會病為深，必然遷之始吉。

蚩尤碧色，好勇鬥狠之神，破軍赤名，肅殺劍鋒之象，是以交劍殺興多劫掠，鬥牛殺起惹官刑，七逢三到生財，豈識財多被盜，三遇七臨生病，那知病癒遭官。

運至何慮穿心，然煞星旺臨終遭劫賊，身強不畏反伏，但助神一去遂見官災，要知息刑弭盜，何須局外搜求，欲識癒病延年，全在星中討論。

更言武曲青龍，喜逢左輔善曜，六八武科發跡，否亦韜略榮身，八六文士參軍，或則異途擢用，旺生一遇已吉，死退雙臨乃佳。

九紫雖司喜氣，然六會九而長房血證，七九之會尤凶，四綠固號文昌，然八會四而小口損傷，三八之逢更惡。

八逢紫曜婚喜重來，六遇輔星尊榮不次，如遇會合之道，盡同一四之中。

欲求嗣續，紫白惟取生神，至論帑藏，飛星宜得旺氣，二黑飛乾，逢八白而財源大進，遇九紫則瓜瓞緜緜，三碧臨庚逢一白，而丁口頻添，交二黑則倉箱濟濟，先旺丁後旺財，於中可見，先旺財，後旺丁，於理易詳。

木間逢一白為生氣、添丁，不育必因星到艮坤，火層遇木運為財宮，宮累不休必是年逢戌亥，故遇煞未可言煞，須求化煞為權，逢生未可言生，猶懼恩星受制。

但方曜宜配局，配坐山，更配層星乃善，門星必合山，合層數，尤合方位為佳。

蓋在方論方，原有星宮生剋之辨，復配以山之生死，局之旺衰，層之退殺，而方曜之得失始彰。

就間論間，有河圖配合之殊，再合以層之恩難，山之父子，局之財官，而間星之制化聿著。

論方者，以局山層同到，觀其得運失運，而吉凶懸殊。

論間者，以運年月疊至，徵其得氣生氣，而休咎迥別。

八卦六白屬金，九星二黑屬土，此號老父配老母，入三層則木來剋土而財少，入兌局，則星到生宮而人興，更逢九紫入土，木之元斯，得運而主科名財丁並茂。

河圖四間屬金，洛書四綠屬木，此為河圖剋洛書，入兌則文昌破體而出，孤入坤局，則土重埋金而出寡，若以一層入坎震之鄉，為得氣而增丁口，科甲傳名。

局為體，山為用，山為體，局為用，體用一元，合天地之動靜。

山為君，層為臣，層為君，間為臣，君臣合德，動神鬼之驚疑。局雖交運，而八方六事，亦懼廉貞戊己疊加，山雖逢元，而死位退方，猶懼巡羅天罡助虐。

蓋吉凶原由星判，而隆替乃由運分，局運興，屋運敗，從局召吉，山運敗，屋運興，從屋徵祥。

發明星運之用，啟迪後起之賢，神而明之，存乎其人也。

《天玉經》（上、中、下篇）

上篇

江東一卦從來吉，八神四個一

江西一卦排龍位，八神四個二

南北八神共一卦，端的應無差

二十四龍管三卦，莫與時師話
忽然知得便通仙，代代鼓駢闐
天卦江東掌上尋，知了值千金
地畫八卦誰能會，山與水相對
父母陰陽仔細尋，前後相兼定
前後相兼兩路看，分定兩邊安
卦內八卦不出位，代代人尊貴
向水流歸一路行，到處有聲名
龍行出卦無官貴，不用勞心力
只把天醫福德裝，未解見榮光
倒排父母蔭龍位，山向同流水
十二陰陽一路排，總是卦中來
關天關地定雌雄，富貴此中逢

翻天倒地對不同，秘密在玄空
三陽水口盡源流，富貴永無休
三陽六秀二神富，立見入朝堂
水到御街官便至，神童狀元出
印綬若然居水口，玉御近台輔
鼕鼕鼓角隨流水，艷艷紅妝貴
上按三才並六建，排定陰陽算
下按玉輦捍門流，龍去要回頭
六見卦明號六龍，名姓達天聰
正山正向流支上，寡夭遭刑杖
共路兩神為夫妻，認取真神路
仙人秘密定陰陽，便是真龍岡
陰陽二字看零正，坐向須知病

若遇正神正位裝，撥水入零堂
零堂正向須知好，認取來山腦
水上排龍點位裝，積粟萬餘倉
正神百步始成龍，水短便遮凶
零神不問長和短，吉凶不同斷
父母排來到子息，須去認生剋
水上排龍照位分，兄弟更子孫
二十四山分兩路，認取五行主
龍中交戰水中裝，便是正龍傷
前面若無凶交破，莫斷為凶禍
凶星看在何公頭，仔細認蹤由
先定來山后定向，聯珠不相放
須知細覓五行蹤，富貴結金龍

五行若然翻值向，百年子孫旺
陰陽配合亦同論，富貴此中尋
東西父母三般卦，算值千金價
二十四路出高官，緋紫入長安
父母不是未為好，無官只豪富
父母排來看左右，向首分休咎
雙山雙向水零神，富貴永無貧
若遇正神須敗絕，五行當分別
隔向一神仲子當，千萬細推詳
若行宮位看順逆，接得方奇特
宮位若來見逆龍，男女失其蹤
更看父母下三吉，三般卦第一

中篇

二十四山起八宮，貪巨武輔雄
四邊盡是逃亡穴，下後令人絕
惟有挨星為最貴，洩漏天機秘
天機若然安在內，家活當富貴
天機若然安在外，家活漸退敗
五星配出九星名，天下任橫行
干維乾艮巽坤壬，陽順星辰輪
支神坎震離兑癸，陰卦逆行取
分定陰陽分兩路，順逆推排去
知生知死亦知貧，留取教兒孫
天地父母三般卦，時師未曾話
玄空大卦神仙說，本是此經訣

不說宗枝但亂傳，開口莫胡言
若還不信此經文，但覆古人墳
分卻東西兩個卦，會者傳天下
學取仙人經一宗，切莫亂談空
五行山向問來由，入首便知蹤
分定子孫十二位，災禍相連值
千災萬禍少人知，剋者論宗枝
五行位中出一位，仔細秘中記
假如來龍骨不真，從此誤千人
一個排來千百個，莫把星辰錯
龍要合向向合水，水合三吉位
合祿合馬合官星，本卦生旺尋
合凶合吉合祥瑞，何法能趨避

但看太歲是何神，立地見分明
成敗定斷何公位，三合年中是
排星仔細看五行，看自何卦生
來山八卦不知蹤，八卦九星空
順逆排來各不同，天卦在其中
甲庚壬丙俱屬陽，順推五行祥
乙辛丁癸俱屬陰，逆推論五行
陰陽順逆不同途，須向此中求
九星雙起雌雄異，玄關真妙處
東西二卦真奇異，須知本向水
本向本水四神奇，代代著緋衣
水流出卦有何全，一代作官員
一折一代為官祿，二折二代福

三折父母共長流，馬上錦衣遊
馬上斬頭水出卦，一代為官罷
直山直水去無翻，場務小官班

下篇

乾山乾向水朝乾，乾峰出狀元
卯山卯向卯源水，驟富石崇比
午山午向午來堂，大將值邊疆
坤山坤向水坤流，富貴永無休
辨得陰陽兩路行，五星要分明
泥鰍浪裏跳龍門，渤海便翻身
依得四神為第一，官職無休息
穴上八卦要知情，穴內卦裝清

要求富貴三般卦，出卦家貧乏
寅申巳亥水長流，五行向中藏
辰戌丑未叩金龍，動得永不窮
若還借庫富後貧，自庫樂長春
大都星起何方是，五行長生旺
大旆相對起高崗，職位在學堂
捍門官國華表起，山水亦同例
水秀峰奇出大官，四位一般看
坎離水火中天過，龍墀移帝座
寶蓋鳳閣四維朝，寶殿登龍樓
罡劫弔煞休犯著，四墓多銷鑠
金枝玉葉四孟裝，金廂玉印藏
帝釋一神定縣府，紫微同八武

倒排父母養龍神，富貴萬年春
識得父母三般卦，便是真神路
北斗七星去打劫，離宮要相合
子午卯酉四龍岡，作祖人財旺
水長百里佐君王，水短便遭傷
識得陰陽兩路行，富貴達京城
不識陰陽兩路行，萬丈火坑深
前兼龍神前兼向，聯珠莫相放
後兼龍神後兼向，排定陰陽算
明得零神與正神，指日入青雲
不識零神與正神，代代絕除根
倒排父母是真龍，子息達天聰
順排父母倒子息，代代人財退

一龍宮中水便行，子息受艱辛
四三二一龍逆去，四子均榮貴
龍行位遠主離鄉，四位發經商
時師不識挨星學，只作天心摸
東邊財穀引歸西，北到南方推
老龍終日臥山中，何嘗不易逢
只是自家眼不的，亂把山岡覓
世人不知天機秘，洩破有何益
汝今傳得地中仙，玄空妙難言
翻天倒地更玄玄，大卦不易傳
更有收山出煞訣，亦兼為汝說
相逢大地能幾人，個個是知心
若還求地不種德，隱口深藏舌

《竹節賦》（八宅）

黃公師祖說宅元，一論分房二卦全，
三論來路真根本，四論五行生剋篇，
五論爻象裝成卦，起初一爻見的端，
先見一陽臨陰二，一陰臨二卻是陽，
先房返卦初爻定，初陽返陰陰返陽，
次選門路四爻法，看成何卦細推詳，
西四裝東多不吉，東四裝西也不詳。

震陽一宅須巽配，坎宅須配離家鄉，
乾宅須配坤家主，艮宅須配兌家莊。
乾坤互見為延年，震巽互見為延年，
坎離互見為延年，艮兌互見為延年。

乾兌裝成震巽卦，長男長女定遭殃
震巽裝成坤艮卦，少年老母在家喪
坤艮裝成坎三陽，中男滅絕不還鄉
中男命就離家火，雖是夫婦損妻房
中女合成天澤卦，老夫少婦在家喪
若見年限並何月，乾兌申酉克木方
震巽旺相寅卯木，克了坤家少子亡
坤艮四季傷中子，坎若克火子亥當
離家巳午純金怕，年限輪流見損傷
且說陰陽相比法，時師切莫細推詳
陽多必定傷婦女，陰多必定損兒郎，
陰陽配合家富貴，不必廣覽亂乖張。

第一若得生氣卦，青龍入宅旺田莊，
生財萬倍興人口，家家無事保安康。
第二合成天乙卦，黃蛇入宅是吉祥，
兒孫遷官並加祿，生財興旺後人強。
第三合成延年卦，刺蝟入宅喜吉祥，
不出三年家豪富，牛馬成群進寶莊。
第四配合五鬼神，騾馬倒死損財珍，
二歲三年賊盜至，火光官事口舌頻。
第五合成六煞方，陰人先死後傷人，
田蠶不收遭官事，人口瘟病累佔牀。
第六合成禍害中，一年半載損陰身，
疾病連年多損害，又出瘋癱聾啞人。
第七變成絕命卦，年年苦死小兒孫，

暗瘋疾病常發生，田蠶賣盡後絕根。
後學之人須仔細，金木水火土中尋，
解得五行生剋化，家家爻象要均平，
世人不詳生剋理，誤了千千萬萬人，
此是黃公竹節賦，珍藏莫與鄙夫論。

《玄髓經》（八宅）

宅之吉凶，全在大門，大門之極吉者，坎宅巽門，巽宅坎門，乾宅坤門，坤宅乾門，震宅離門，離宅震門，艮宅兑門，兑宅艮門。

大哉居乎，民生攸係，門戶乃必由之路，來路名氣口之樞，八卦統分二十四向，元神分屬四正四隅。

元神定，而恩仇體用已彰。

來路設，而吉凶禍福始見。

體有吉凶，化凶頑為役使者，機運於恩星。

用無定在，撥生旺於休囚者，推歸於氣口。

宅元不可損傷，用神最宜健旺。

門宅相生相比，而又恩光拱照，是為進氣之宅。

門宅或剋或洩，兼遭仇難當權，乃名退氣之居。

絕處逢生，吉凶相半，生處逢絕，吉少凶多，是以元神補恩星，仇難當何以吉曜。

宅有化氣，小人道消，宅有死氣，君子道窮，逢恩不發，蓋緣恩落仇宮，遇難不傷，因有恩星槖鑰，一貴當權，諸凶盡伏。

木入坎宮，鳳池身貴，金居艮位，烏府名高，金取土培，火宜木相。

水洩金枯，坎癸無恩於西兑。

火炎土燥，艮坤何樂乎南離。

此東四所以分，而西四各自為偶也。

然四宅之成爻，固取相濟而相比，乃八卦之配合，亦自有真亦有假。是以天地定位，此老陰之土生純陽之金也。若坤配兑女，則庶妾難投寡母之歡心。

山澤通氣，此少男之精結少女之胎也，若艮配乾金，則鰥也，坤艮適偶比之情，乾兑亦假鄰之誼。

若夫雷風相薄，雙木取成林之象。

水火不相射，坎離成既濟之功。

水木相生，則水為木氣之主。

木火通明，則木乃火神之根。

巽木生離宮之火，其散也成風，終一發而即衰。

震陽生南離之焰，其聚也成雷，必聞聲而不已。

坎與震為摯友，巽共離為假合。

艮之元神無恩星，用兑金為傍城借主，而玉蘊山輝。

坎之生氣無育地，得巽木為借體築基，而風恬水靜。
真合者，宅元之正體，假合者，作用之權宜。

《搖鞭賦》（八宅）

天門落水出淫狂，水浸天門內亂殃
天臨山上家富貴，山起天中子孫賢
天作雷門傷長子，龍飛天上損老翁
天沉地戶殺長婦，地戶埋天產難亡
天門見火翁嗽死，火燎天門中婦亡
天開地戶夫妻美，地起天門富貴昌
天澤財旺女淫亂，澤天陰邪損老翁
水漭鬼戶小兒死，鬼遇江洋落水亡
水雷子孫多富貴，雷水財旺剋妻宮

水風財旺婦女貴，風水官祿子孫賢
水浸入門中子殺，人門落水亦同殃
水臨白虎墮胎氣，白虎臨流畜損傷
鬼門水浸投河縊，土來剋水寡婦強
鬼見青龍小兒懼，龍鬼傷胎幼子亡
鬼臨地戶母婦忌，地戶見鬼墮胎亡
鬼臨獨火防絕嗣，火燒鬼戶啞聾盲
山地少年多勞瘁，地山年幼子孫癆
山澤退財人口旺，澤山增福旺少房
雷風少女多病目，風雷富貴人口昌
雷火進財子孫貴，火雷孝義一門榮
龍入人門傷老母，人門臨龍產難亡
龍爭虎鬥憂損長，虎入龍巢癆瘵盲

風火益財婦人寡，火風財旺子孫稀
地到人門母先喪，人埋地戶老陰當
地中見虎損長婦，虎逢地位亦陰傷
人澤進財後嗣絕，澤人財販異姓居
火燒人門陰人敗，人門逢火損女娘
火燒白虎熬煎苦，虎遇火蒸少女當

第二章

謬誤篇

古有「男女合婚」，用男女命卦相配，男女命卦合成福德「延年」、「生氣」、「天醫」為上婚，令子孫興旺、大吉；

游魂「六煞」、歸魂「伏位」、絕體「禍害」為中婚，較量較量，用之亦吉；

「五鬼」口舌相連，「絕命」為害甚重，為下婚，避之則吉不可不知之矣。

其法是找出自己命卦然後去與對方命卦相比，便可得出以上結果。其法可說是由八宅演變過來，八宅之四吉方為「天醫」、「生氣」、「延年」、「伏位」，故遇之為吉。

「六煞」為桃花，遇之可以，但「禍害」明明是凶，為甚麼配上亦吉？則這是無法理解發明人的心思，可能是遇五時會出現「六煞」及「禍害」婚，故要自圓其說。而「五鬼」、「絕命」相配為凶，為下婚。

合婚吉凶表

吉配——

延年婚——一九九一　四三三四　六二二六　七八八七

生氣婚——一四四一　五九九五　六七七六　八二二八

天醫婚——六八八六　三一一三　七二二七　四九九四

中吉配——

六煞婚——一六六一　三八八三　七四四七　九二二九

伏位婚——一一六六　二二七七　三三八八　四四九九

禍　害——一七七一　三二二三　九八八九　六四四六

下婚——

五鬼婚——一八八一　二四四二　三六六三　七九九七

絕命婚——一二二一　三七七三　四八八四　六九九六

命宮運表（近九十多年圖表——一九五四年至二〇四七年）

年份	命宮	男	女
一九五四	甲午	1	5
一九五五	乙未	9	6
一九五六	丙申	8	7
一九五七	丁酉	7	8
一九五八	戊戌	8	9
一九五九	己亥	5	1
一九六〇	庚子	4	2
一九六一	辛丑	3	3
一九六二	壬寅	2	4
一九六三	癸卯	1	5
一九六四	甲辰	9	6
一九六五	乙巳	8	7
一九六六	丙午	7	8
一九六七	丁未	6	9
一九六八	戊申	5	1
一九六九	己酉	4	2
一九七〇	庚戌	3	3
一九七一	辛亥	2	4
一九七二	壬子	1	5
一九七三	癸丑	9	6
一九七四	甲寅	8	7
一九七五	乙卯	7	8

年份	命宮	男	女
一九七六	丙辰	6	9
一九七七	丁巳	5	1
一九七八	戊午	4	2
一九七九	己未	3	3
一九八〇	庚申	2	4
一九八一	辛酉	1	5
一九八二	壬戌	9	6
一九八三	癸亥	8	7
一九八四	甲子	7	8
一九八五	乙丑	6	9
一九八六	丙寅	5	1
一九八七	丁卯	4	2
一九八八	戊辰	3	3
一九八九	己巳	2	4
一九九〇	庚午	1	5
一九九一	辛未	9	6
一九九二	壬申	8	7
一九九三	癸酉	7	8
一九九四	甲戌	6	9
一九九五	乙亥	5	1
一九九六	丙子	4	2
一九九七	丁丑	3	3
一九九八	戊寅	2	4
一九九九	己卯	1	5

年份	命宮	男	女
二〇〇〇	庚辰	9	6
二〇〇一	辛巳	8	7
二〇〇二	壬午	7	8
二〇〇三	癸未	6	9
二〇〇四	甲申	5	1
二〇〇五	乙酉	4	2
二〇〇六	丙戌	3	3
二〇〇七	丁亥	2	4
二〇〇八	戊子	1	5
二〇〇九	己丑	9	6
二〇一〇	庚寅	8	7
二〇一一	辛卯	7	8
二〇一二	壬辰	6	9
二〇一三	癸巳	5	1
二〇一四	甲午	4	2
二〇一五	乙未	3	3
二〇一六	丙申	2	4
二〇一七	丁酉	1	5
二〇一八	戊戌	9	6
二〇一九	己亥	8	7
二〇二〇	庚子	7	8
二〇二一	辛丑	6	9
二〇二二	壬寅	5	1
二〇二三	癸卯	4	2

年份	命宮	男	女
二〇二四	甲辰	3	3
二〇二五	乙巳	2	4
二〇二六	丙午	1	5
二〇二七	丁未	9	6
二〇二八	戊申	8	7
二〇二九	己酉	7	8
二〇三〇	庚戌	6	9
二〇三一	辛亥	5	1
二〇三二	壬子	4	2
二〇三三	癸丑	3	3
二〇三四	甲寅	2	4
二〇三五	乙卯	1	5
二〇三六	丙辰	9	6
二〇三七	丁巳	8	7
二〇三八	戊午	7	8
二〇三九	己未	6	9
二〇四〇	庚申	5	1
二〇四一	辛酉	4	2
二〇四二	壬戌	3	3
二〇四三	癸亥	2	4
二〇四四	甲子	1	5
二〇四五	乙丑	9	6
二〇四六	丙寅	8	7
二〇四七	丁卯	7	8

這個呂才合婚早已被棄用，故在此只給讀者一看，故無需深究，看不明者，略過便是。然近代又有一些憑肉眼去看風水的派別，又再提出以風水去配婚，可說無知之延續。

其實古代是有女家給男家時辰八字，而男家找算命先生批算，可能是着重於女方有否生養及剋夫等等，並不算真正的合婚，又或者一些不學無術之輩貪方便，用呂才的合婚書應對，以有所交代。

其實婚配方面，現代自由戀愛的社會，可說是註定的，因不論男方女方，命中皆可以看得出對方對自己有否幫助，感情是否融洽，有否異離的機會，所以合婚與否，也不易改變自己原來命中的婚姻狀況。

農曆新年禁忌

農曆新年不宜買鞋

農曆新年不能買鞋，父母都是在農曆年前給小孩買新衫新鞋，準備農曆新年時穿著，但隨着社會日漸富裕，隨時都可以去買新衫新鞋，唯很多人亦保持着年初一穿新衫新鞋習慣。因農曆年前已添置新裝，故在新年期間添衣褲鞋已無需要，加上以前農曆新年以後，很多店鋪都會延至初七，甚至乎正月十五才開始營業，故農曆新年期間買鞋的機會不大，這樣便不會打破傳統慣例。

唯現代人喜歡外遊，尤其是香港人，很多人一年都會去三、四次，農曆新年外遊，更成了很多人的慣例。好像我一樣，每到農曆年都會歐遊，添置新衣、鞋，少不免也會買兩、三對。故農曆新年不要買鞋，只是傳統習慣，與風水及好壞絕無關係，只是鞋鞋（唉唉）聲，老人家覺得意頭不好吧了！

農曆新年期間不宜洗頭

我的年代，農曆年初七前不可以洗頭，否則會給父母罵的。一般人都會選擇在年三十晚把頭髮整理好，故我少年時有些理髮店開至通宵達旦，又加價至二三倍才能應付不絕的人流。這些場面，現代應該不多見了，而且現代人也不一定知道這個習俗，只以為是年初一不能洗頭而矣，這倒是容易遵從的。因為一般人都會在新年前理髮，年初一自然不需要再洗頭理髮，但其實傳統是初七前都不能洗頭，故以前的髮型屋一般最早都會年初八才開市，有些甚至去到正月十五才開門。

但初一至初七都不能洗頭，有時會痕癢難當，有些人會用爽身粉或其他去油的古方去處理，有些則冒着被父母罵的險偷偷去洗頭，當然這個習俗相信很多人都不會遵從了。

其實新春新年，洗濕個頭，意頭不好而矣。好像我一樣每個農曆年都在外面度過，有時真的沒記着哪天才是年初一，更遑論初一到底有沒有洗頭。

農曆新年不用掃把

農曆新年不宜用掃把，中國人心目中，掃把不是一件吉祥物，故有時罵人正一掃把星，又會說人是不是掃把星轉世，有些更甚的把掃把倒轉向着別人家，破壞別人家的風水。所以便有新正年頭不能拿掃把出來掃地的說法，即使滿地垃圾，也只能用手去拿，唯這傳統習俗，無傷大雅，只是三兩天不掃地而矣，也不至於把屋企弄得太髒。

新年貼揮春

記得小時候的揮春，一般都是出入平安、橫財就手、生意興隆等等一些好意頭的語句，而張貼位置一般都在大門口、房門口、客廳內這些地方，更一貼整年。到明年農曆新年前才把舊的拿掉，換上新的。但近年竟然聽到有些人說，揮春貼到農曆正月十五便要拿走，不能貼整年，到底是傳統習俗改變了，還是現代年輕一輩的人不懂而亂講呢？其實這些意頭的東西，不要那麼執著，喜歡貼一整年便一整年，貼到正月十五便拿走亦是可以的，實在不需那麼講究。

家居佈局與擺設謬誤

開門對角是財位、尖角沖射

開門對角是財位

開門對角是財位，這不知是哪位天才風水師杜撰出來的，如果是那麼容易就好了，又有風水師上電視節目時講過，開門右斜角就是財位，這也是無稽之談。

不論用八宅又或者飛星，財位都會因大門方的不同而有所改變，故再聽到有人説門之對角就是財位時，記着不要相信了。

為了讓各位讀者理解，現不厭其煩地再次把每宅不同的財位列出如下：

門向	財位
大門向正南	財位在正東
大門向西南	財位在西北
大門向正西	財位在正北
大門向西北	財位在正南
大門向正北	財位在東南
大門向東北	財位在正西
大門向正東	財位在西南
大門向東南	財位在東北

從以上列表便可得知，八個方位分別在八個不同的門向都各佔一個方位是財位。

尖角沖射

尖角沖射，這個題目不知道說了多少遍，但到現在還常常給人問：室內的牆角對着房，或廳或廚房，有沒有問題，要否化解。

引發這問題的是大概三四十年前一位能言善道的風水師上電視節目時說過，室內屋角、牆角如果是尖的話便叫尖角沖射，所以我卅多年前看風水時常常見戶主把屋的牆角弄成圓形，真是既浪費金錢，又沒有甚麼效用。

其實尖角沖射主要是指屋外的建築物或山形水勢好像角沖向我一樣，其幅度要大，山水形勢要急才會形成沖射；而室內的樑角、牆角，甚至室外對角、別人大廈的屋角都不會形成尖角沖射，如果那樣也算的話，那便沒有一間屋沒犯上尖角沖射了。

又有窗外見屋角，問是否尖角沖射、有否煞氣、要化解否，而這些都是一般謬誤。

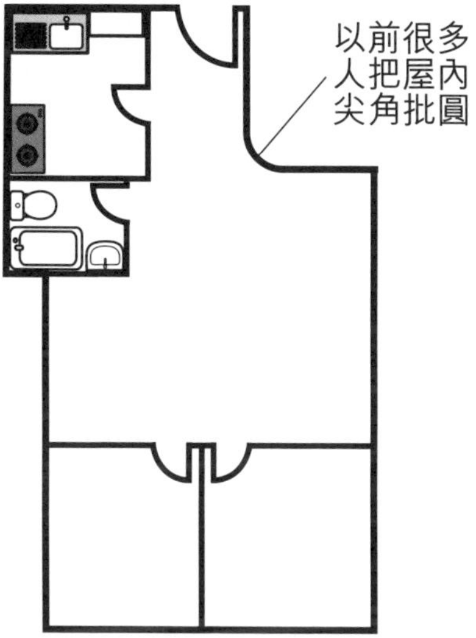
以前很多
人把屋內
尖角批圓

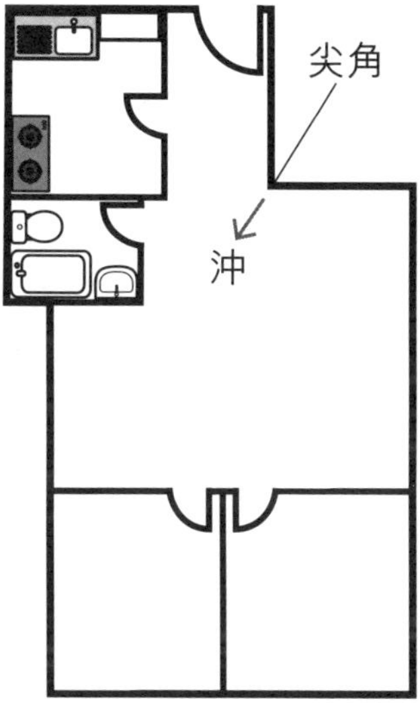
尖角
沖

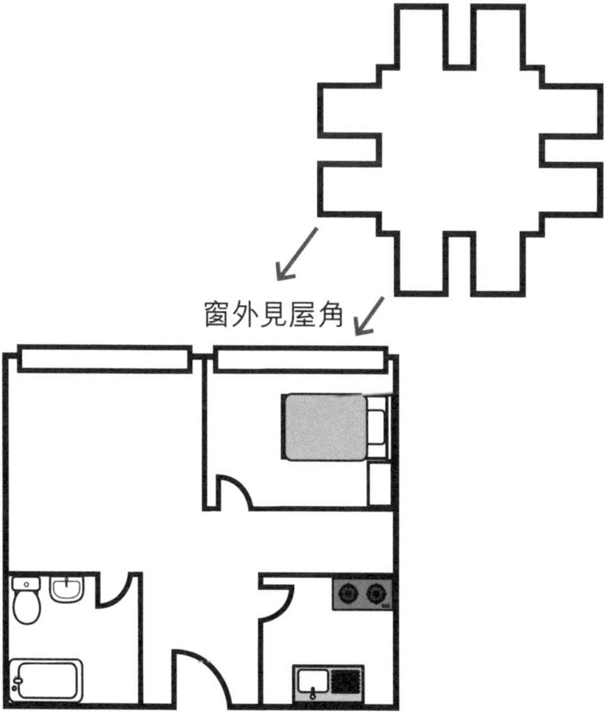
窗外見屋角

大細門、房中房、一屋兩灶會包二奶？

大細門，包二奶

大細門，包二奶，不知道何時那個風水師靈機一觸，創造了這個說法，如此引伸，大細門包二奶，雙掩門兩個老婆，單掩門便代表一頭住家。如果世事那麼簡單就好了，不論豪門大宅又或者斗室，只要都用一道門那便天下太平，男人不會包二奶，女人也不會有婚外情了。

其實風水會否出現感情問題，論其癥結，廁所一般是主要原因，

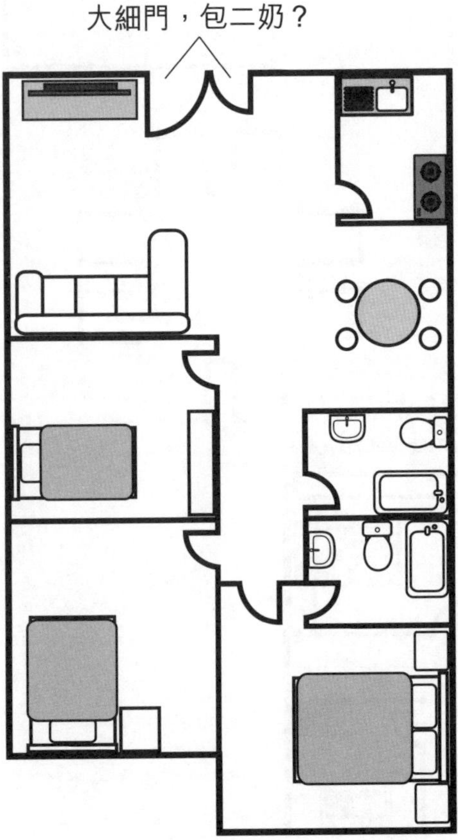

因廁所門對房門或廁所對牀，除了不利身體之腎、膀肛、泌尿系統外，亦容易引發桃花，這樣自然容易出現感情糾紛，故居宅不論單門、雙門或是大細門皆與包不包二奶並無直接關係！

房中房，包二奶

房中房，包二奶。日常看風水總會被問及一些稀奇古怪的問題，而這個問題也算是，因為一般房子如果面積許可，都會在主人房做一個衣帽間，而房內亦有一個獨立廁所，有些人甚至把書房也設在主人房內，這樣一房數門，都不知道要有多少二奶、三奶、四奶了。

但話說回來，能有這樣房中房的居屋，一

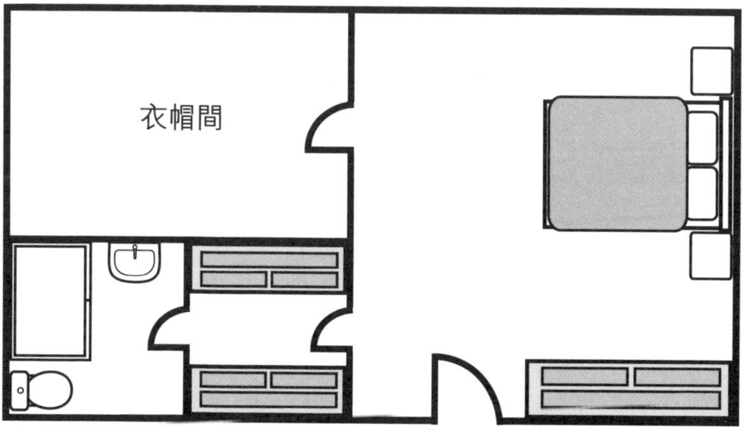

主人房，房中房；有廁所、衣帽間

般面積都會較大，而主人的財富自然相應會較為豐厚，這自然增加其包二奶的能力，但這只是間接的推理，與包不包二奶無關。

一屋兩灶，分家（兩頭住家）

古代人一屋一個大家庭同住，可能五代同堂，甚至更多，而一屋只有一個廚區，當然不止一個灶頭，你估餐餐煮大鑊飯一同吃嗎？當然要有很多個灶頭，可能各房各佔一個。即使至現代房屋，外國大屋一屋有兩個廚房，兩組灶頭也是很平常的，甚至香港的豪宅，很多也有乾濕兩個廚房，有些更有工人用的獨立廚房。所以不論一屋一灶，一屋兩灶甚至三灶，與分不分家或者是兩頭住家根本無直接關係。

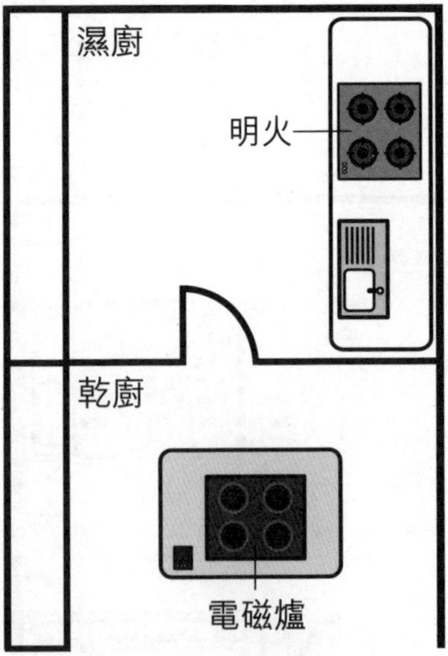

以上是常見的一屋兩個廚房，外國的大宅則更為普遍

香港地一屋有兩灶的一般都是富貴人家，你可以說富貴人家易有小三，但誰說普通人家沒有情人，沒有小三呢？只是機會率不及人家高而矣，故包不包二奶，有否婚外情，實在與家中有多少廚房、灶頭並無關係。

開放式廚房損感情、水龍頭對煮食爐必有凶

開放式廚房不利感情

開放式廚房，不利感情，都不知是哪一個風水師杜撰出來的。古代廚房因用柴火，廚房多獨立設在屋外，即使在農村，廚房設在屋內，但也會隔着一個天井，讓煙可以向空中擴散。

直至近代通風系統日漸完善，煮食亦不再用柴火，故廚房一般都會建於屋

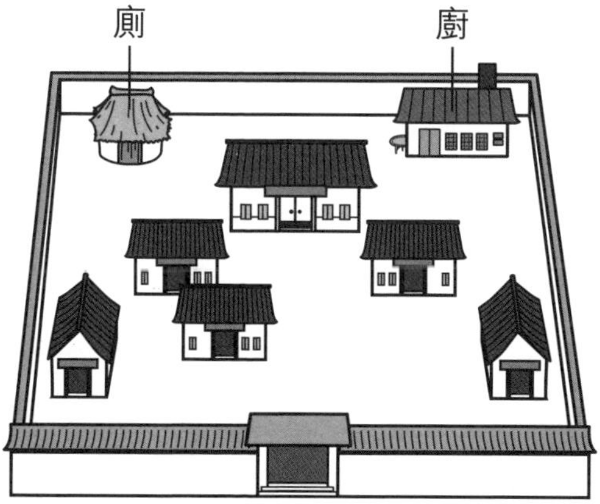

古時樓宇：
古時只有廚房、廁所在主屋以外，
主要是衞生及實際問題

內，至於開放式廚房更是近代設計，根本沒有利不利感情之說，只要處理好油煙問題，開放式廚房在風水上是不會產生反效果的。

唯一要注意的是爐灶不能對任何門，如對大門不利全屋住客之人緣身體；對廁所門則成水火交戰，壞處更甚；對房門則不利房間之住客。總之開放式廚房，煮食爐不對任何門便可以了。

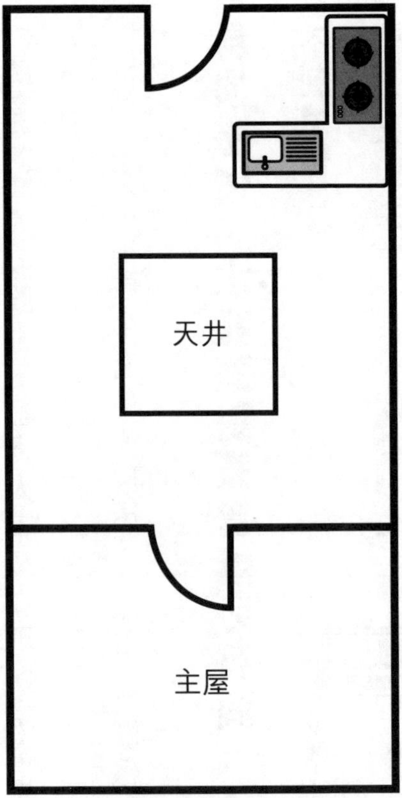

鄉村式平房：
入門左右一般為灶頭，
但與主屋相隔一個通天，
讓煙可以向上擴散

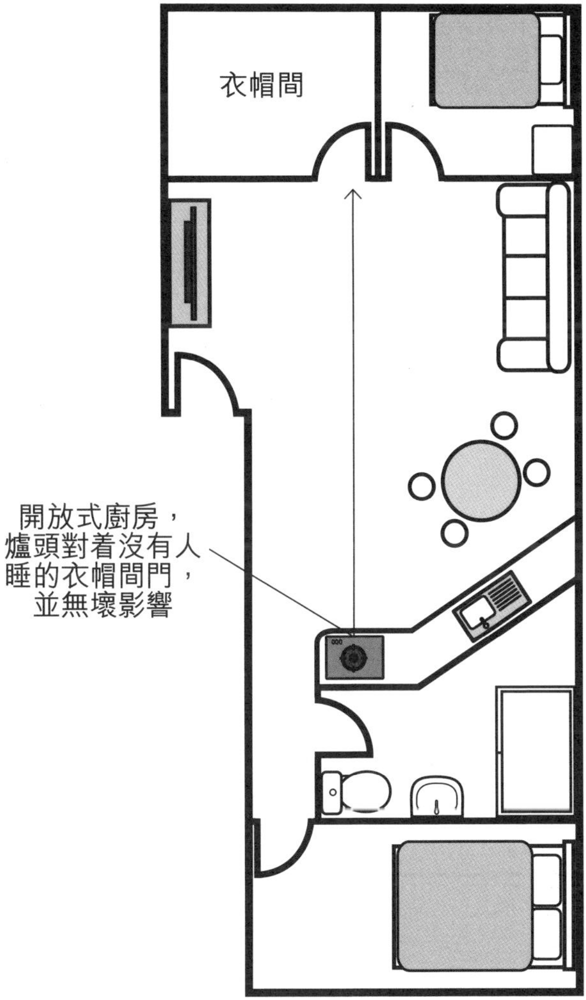
衣帽間
開放式廚房，
爐頭對着沒有人
睡的衣帽間門，
並無壞影響

我以前第一間有錢裝修的房子（1993-1997年居住），也用了開放式廚房

水火交戰

水火交戰，很多風水師說，水龍頭對着煮食爐叫水火交戰或水火相剋，說會爭鬥、口角、桃花劫、血光，甚至漏財，總之一切凶事都會發生。

其他還有雪櫃不能對煮食爐、雪櫃頂上不能放微波爐、煮食爐底不能放洗衣機，凡此種種都叫做水火交戰，有些甚至乎說水龍頭與煮食爐平排也叫水火交戰。其實這些都是一些現代的風水師杜撰出來的，沒有經過長期統計而想當然地說出來。因古代社會根本不會出現廚廁在屋內，當然更加不會有洗衣機、微波爐、雪櫃的存在，而這些都是現代產物，故以我看風水四十年的經驗累積，已經有足夠例證，而真正的、唯一的水火交戰只有廚房門對廁所門。

真正的水火交戰

（一）廚房門對廁所門，這是嚴重的真正水火交戰，經我這四十年經驗，很多時發現屋的坐向及外圍環境都沒有問題，但住在屋內的人卻常常生病、吵架、感情不定、工作運不佳，多看一兩間廚廁門相對的住宅，都有很多關於人緣及身體的問題出現。於是便歸納出，廚門與廁門相對會出現嚴重的身體及人際關係的壞影響，又這些相對不管是整個門相對又或者只有一吋相對也是有問題是要化解的。如下頁圖：

廚廁相對加窗外是大片護土牆，客戶居住時找我堪察，但因為已經完成裝修，想要更改也沒有辦法，加上好像這屋門向又在不旺財不旺丁位置，且主人房又在凶位內，故第一次堪察時已經詢問有否考慮搬，但屋主説，剛裝修得那麼漂亮，不捨得搬。那我也沒辦法，唯有盡力化解，但化得一時，化不得一世。住戶住了超過六年也沒有搬，開始給她看的時候，工作運不錯，又有穩定感情，但入住不久爭拗日多，最後分手收場，工作也開始不太順利，而最大問題是皮膚日差，又找不出有效的治療方法。屋主看見數年下來如此不如意，叫我幫她放一個賣樓局，然後搬去另外一個不向護土牆而又沒有廚廁相對的單位。

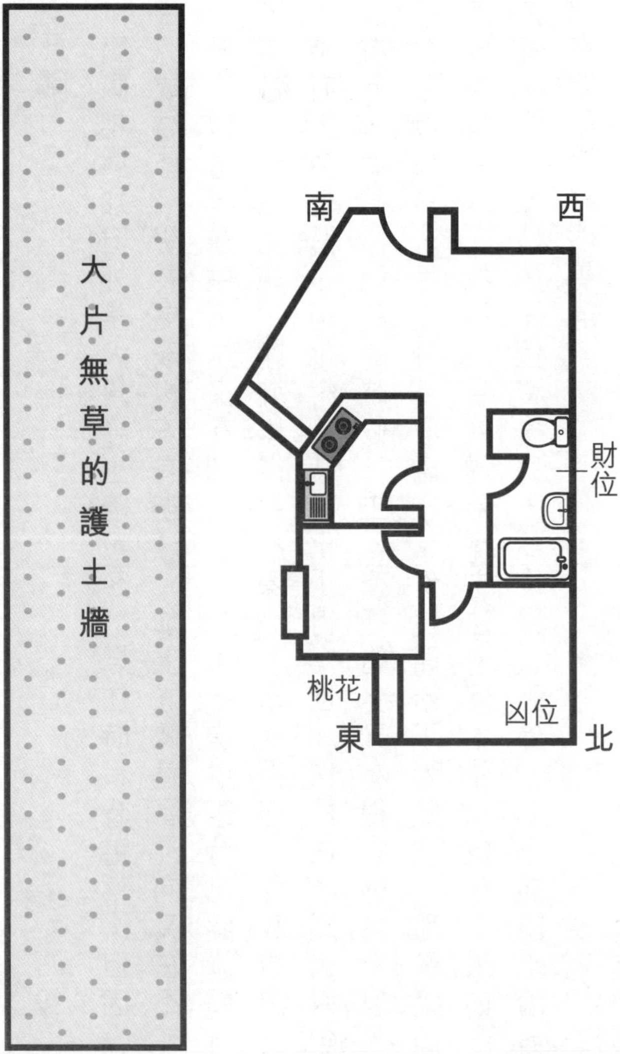

此局大門向西南，二○○四年後入伙為損財傷丁，財位在西北（廁所），凶位在正北（主人房），桃花位在正東（缺角），外局

一大片無草的護土牆，內局廚廁門相對，可算集一切缺點於一身，我也無力挽回，只能把凶處壓掉，但壓得一時也壓不得一世，故只有搬遷或重新裝修這兩個辦法。

但以上例子三樣全犯，真的盡了力也不能挽回，只有搬遷一途。

註：

①屋外見沒有草的護土牆不利皮膚，只可以在窗前多放點植物化解，但也只能解一時之急。

②廚廁相對，一般可在廚廁門左右角放植物化解，開始時植物常會枯黃，但一般更換三至四次之後便可以養下去。

③不旺財不旺丁的房子可以放特別旺身體人緣之局化解，一般上班族是可以一直住下去的。

（二）廚房與廁所同一個入口，下頁圖是常見的公屋、居屋單位間隔，原本廁所與廚房入口是分開的，但很多人不喜歡客飯廳有太多門（圖一），因而改成圖二，覺得擺放傢俬容易一點，但這會變成廚廁同一個入口，變成水火交戰的一種，也是不利人緣身體。

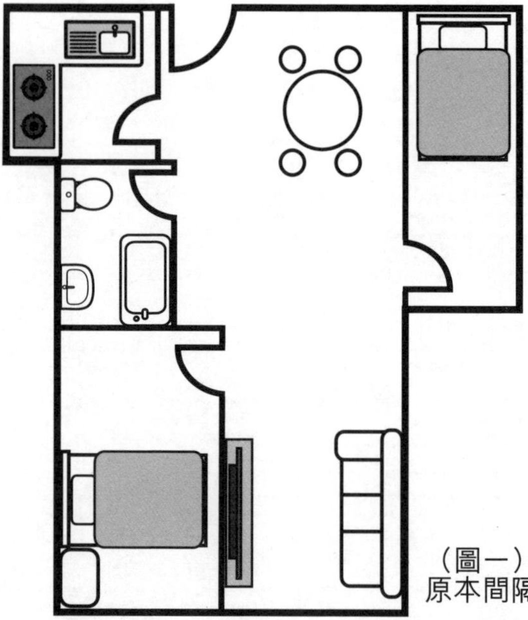

（圖一）
原本間隔

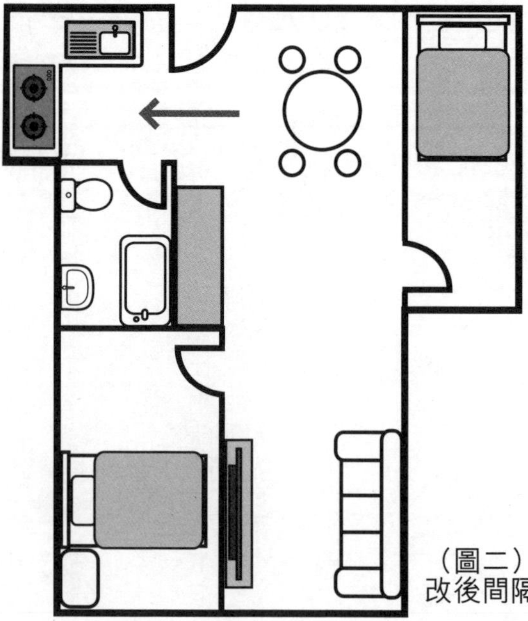

（圖二）
改後間隔

（三）先入廚房再入廁所，此圖是一家在中環的舊樓，建築面積只有四百呎，可能地方有限，其原積是先入廚房再入廁所的。

居住者為兩母女，一直住在此屋，但常常生病，感情運亦差，唯因沒有打算裝修，故只能採取簡單的化解方法，就是在廁所門外吊植物化解，讓其變成水生木，木生火而不再交戰。一般這樣化解，植物會很快枯黃，但更換三數盆後便可以一直生長下去。

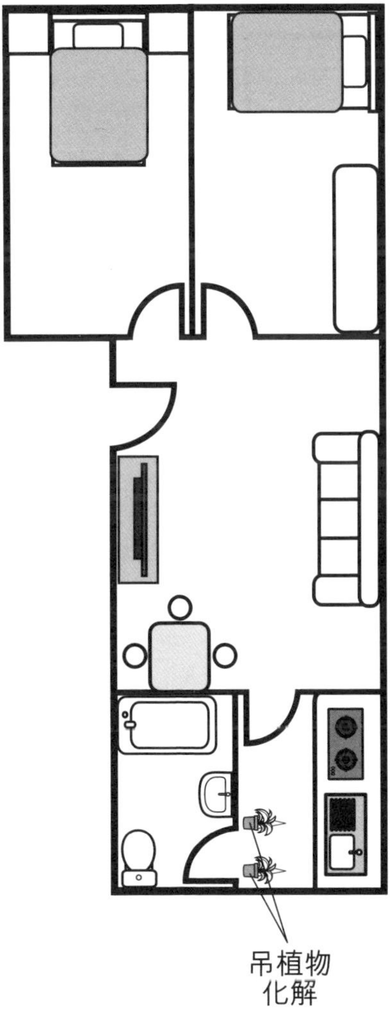

（四）廁所在廚房內，很多舊式鄉村屋，廁所在廚房之內，而這樣也是水火交戰，不利人緣、感情、身體，如不能更改間隔，其化解方法也只能在廁所門外吊植物化解。

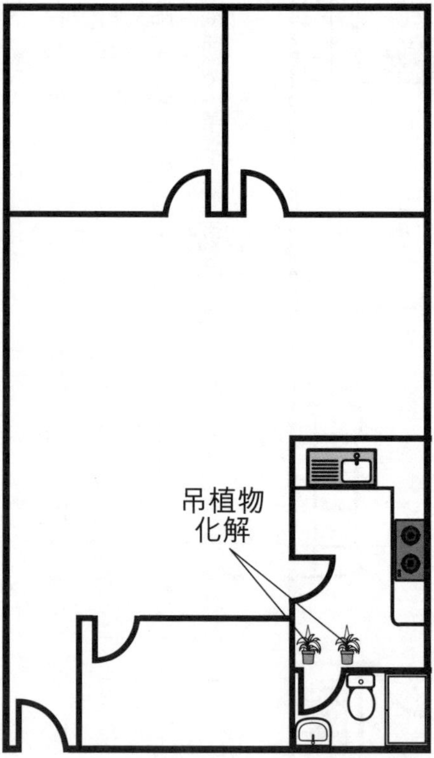

牀頭不向西、牀頭靠牆，牀腳不對門

牀頭不宜向西

看風水時常被人問牀頭是否不能向西，說是歸西。但其實風水學沒有規定牀頭一定要向那個方向、不能向那個方向，這是要配合每宅風水而有所不同，有時亦會配合命格而有所不同。

最簡單的擺放牀頭方法是在房門對角，而一定不能放牀的方位是房門旁邊，這會令睡覺的人產生不穩的情緒，嚴重者更會引起情緒病。反而房門對着牀頭，有些人說與房門相沖，但其實這也是沒有問題的。

✔

✔

開門旁放牀頭，風水大忌，容易讓睡在這牀的人產生不穩的情緒

✘

房門沖牀頭，沒有問題

✔

特殊擺牀方法——

有時會因屋內的吉凶位置需要，而用較特殊的擺放方法，最常見的是大門向南的居室，因為凶位在左下角，財位在左邊中間，很多兩房間隔的居室如用正常的擺牀方法便會睡在凶位上，而這時便要用較特別的擺牀方法了，像以下例子，牀頭向門睡在財位與腳向凶位，便可以避免睡在凶位之上。

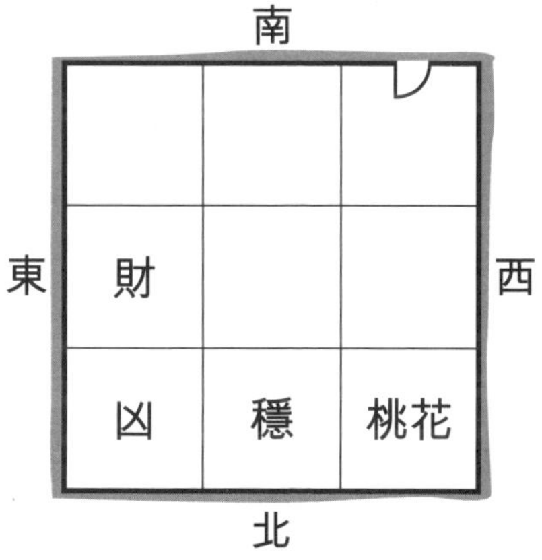

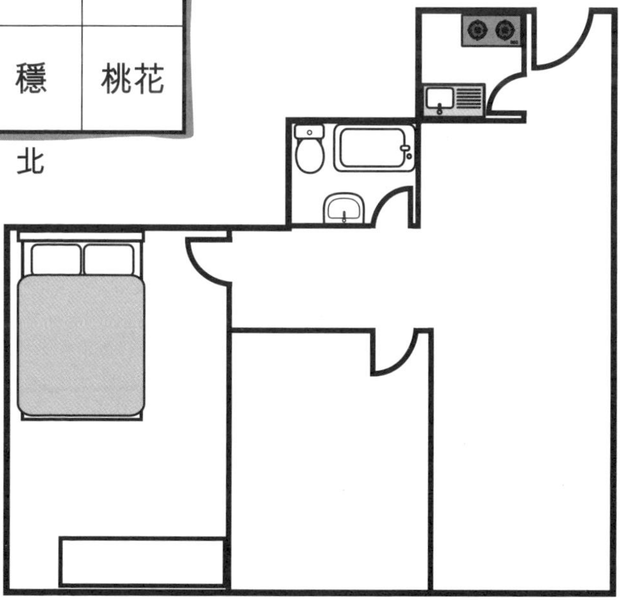

大門向南：坎宅、坎宅吉凶圖

牀頭要靠牆

這亦是客人常常問的問題。其實牀頭不一定要靠牆的，只要牀頭背後不露風，又合乎牀的擺放方位便可，故牀不論靠窗、靠牆，甚至乎靠窗台睡都是可以的，只要牀背板夠高，睡覺時空氣不對頭頂吹便可。

而牀頭要靠牆的説法，不論從古代或現代去説都是不成立的，我們常常看古裝電影電視，都不難察覺一般牀的擺法是牀邊靠牆，而牀頭牀尾很多時候都是沒有靠牆的，只是有布遮蓋而矣，而牀頭有布遮蓋便不算是牀頭露空，這樣不會影響睡眠質素的。

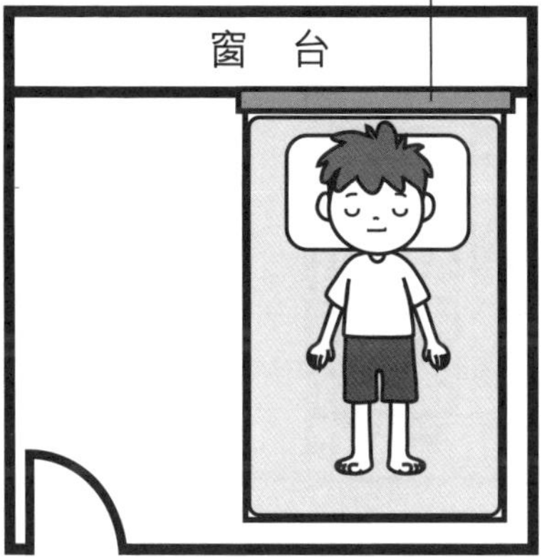
牀頭靠窗台，
只要牀頭板
夠高便可

牀頭板高過頭
兩呎便可

上下格牀——

很多上下格牀牀頭是通窿的，這一種牀頭無靠是最常見，這樣最容易影響睡眠，有時發夢會發不停。

牀頭不靠牆離開一呎以上，這樣也算是牀頭無靠，也如下圖一樣對睡眠質素有壞影響。

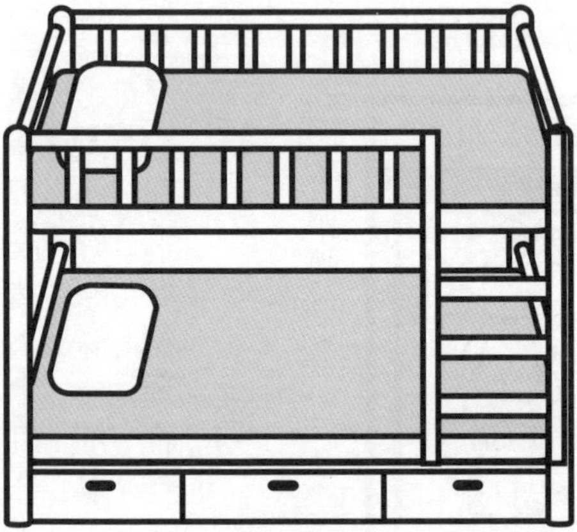

上下格牀

牀頭不靠牆

睡牀腳不能對門

又有人問腳能不能向門睡？有風水師又說，腳不能對房門睡，說死人才是腳向門睡的，故稱屍睡，那些風水師的聯想力也太豐富了。其實腳向房門睡或向大門睡也是常見的睡法，並沒有好不好，如想參考正確睡牀擺放方法，可參考「牀頭不宜向西」。

睡牀腳對門，以筆者多年經驗並無不妥，即使房門再對大門也沒有問題。

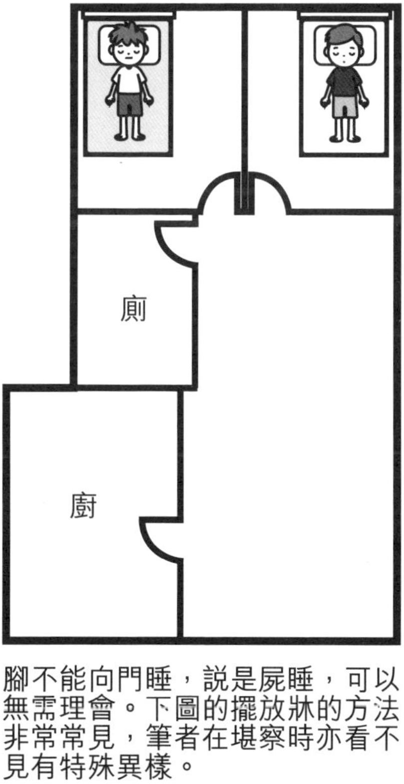

腳不能向門睡，說是屍睡，可以無需理會。下圖的擺放牀的方法非常常見，筆者在堪察時亦看不見有特殊異樣。

鞋櫃不能高過人頭

這個我已經在《風水天書》及在媒體上講過很多次，這些算是意頭與風水實無直接關係，其理論說是被人踩着，一世不能出人頭地，又說門前的鞋不能亂放，又說房間不能放鞋。但這些應該納入衞生問題，實與風水無關。

筆者試過鞋櫃做到上天花，門前又亂放鞋，而鞋放入房中就更加常見，尤其是歐美人士，很多時都會穿皮鞋，穿堂入室，而筆者少年時也都是會穿鞋入屋的。後來地氈開始流行，香港人才慢慢習慣入屋脫鞋，故鞋之擺放只需看個人習慣及衞生情況去處理便可。

植物、寵物風水謬誤

鐵樹開花

有說鐵樹開花，富貴榮華。其實植物當然會開花，平常事而矣，好像我公司棵鐵樹由一九九〇年開始種，在舊公司時每三年才開一次花。但搬進新公司後，因為燈光比較亮，差不多每年都開一次花，其間經過沙士、金融海嘯，又經過樓股旺市，種的都是這棵鐵樹，故鐵樹開花是不會對個人有何吉凶影響。

家內不宜種植有刺植物及藤蔓植物

不知何時開始，大多風水師及民眾，都會說家裏不宜種植有刺、針的植物，如仙人掌、玫瑰等，說不利身體，因為其帶刺如尖角沖射。尖角沖射我之前已解釋過，其尖角要有一定幅度面積才會有影響，而屋內的樑角、牆角是無需理會的，更何況是一盆玫瑰花或仙人掌的小角。

但話說回來，家中有小孩的話這些有刺針的植物真的不太適宜，因為怕小孩亂碰而刺到手腳，引致痛楚損傷。故這算歸類生活常識，實與風水無關。

藤蔓植物則更是無稽，說這些藤蔓植物纏纏繞繞，會引致三角關係，影響感情；有些又說，室外有藤蔓植物令屋纏繞着會聚陰。但在外地不知多少豪門大宅都是這樣的，而這種情況在香港也不常見，因大多數人都不會有一幢獨立屋讓藤蔓纏繞，故根本無從驗證，只是某些風水師想當然地自己想出來的。

兩隻狗哭，四隻狗器

寵物也要講風水？有人說，養兩隻狗成哭字，四隻狗成器字，四隻腳白色叫四蹄踏雪，會為主人帶來好運，但這只代表意頭好壞，與個人運氣無關。

又說肖龍、牛、羊人不宜養狗，肖猴不宜養貓「虎」，命要木火的人養貓、兔、蛇、馬、狗等有助運氣，忌的則有害。但這些都是民間謬誤，不足信的，以後隨個人喜好養寵物就可以了。

自來狗富，自來貓貧

自來狗、自來貓，人有人運、物有物運，寵物貓狗、豬牛羊鼠等，一切萬物都有自身運氣，但這當然以自身的運氣影響自己最深。

有些人說自來狗富，自來貓貧；又有狗來進財，貓來弔孝。這些都是一些民間說法，根本沒有實證，而說自來貓貧者，其理論可能是以貓作虎，而白虎為凶星，故說自來貓貧，又會家人不幸。但這些都是想當然的說法，沒有必要深究，即使貧富的說法成立，但這其實是牽扯到自己的運氣，運氣強盛時容易吸引吉祥之物，運氣差時自然會吸引一些負面能量。

所以遇上自來狗自來貓時，先不要想會否影響自己運氣，而是想到底要不要把牠們收養，不論想或不想，都不要想得太過複雜。

風水與宗教信仰無關

風水與宗教，我在教學時，以及在媒體上教授風水、八字命理及掌面相時，已多次強調，這些學說與宗教實無直接關係，只是學習風水、八字命理的受眾，一般對神鬼及神秘學說也深感興趣，而很多師父又把他們在那方面的知識應用到風水之上，以致很多人誤以為風水與宗教是等同的。

其實風水近乎於自然科學與統計學的雜成，古人從星體之運行及陰宅、陽居對人類及後人的影響，慢慢收集數據，逐漸形成一套有系統的學說，這實在與神秘學及宗教扯不上關係的。而筆者便是一個較開放而又沒有特定宗教信仰的人，所以我運用的風水學說是從古人的計算方法再配合現代的居住環境，慢慢形成一套新的陽宅風水學。

八字命理與風水有些相近，都是研究星體對人類命運之影響，再加以統計歸納，再配合不同年代地方之習性，從而形成一套能配合現代之實際應用方法及原則，而這些原則也要配合不同之年代而繼續演變。

掌相、面相則全然是統計學，從不同的面相、掌相，不同的民族特性，從而統計其性格、民族習性，而中國面相更能推測其運程順逆，這是外國所無的。

所以希望日後學習風水、命理、掌相、面相的後學者，不要把自己的宗教信仰與以上這些從星體運行及大量統計所得出來的學說與宗教混為一談。

第三章

基本知識與謬誤篇

門向吉凶

左青龍右白虎與四獸

　一般術者稱左方為青龍，右方為白虎，不論屋外、屋內、窗外，都認為青龍高為吉，白虎高壓為凶，唯這理論只適合北方舊時代的風水。因中國地形西北方為高山，東南方為平地，如果龍高白虎低可以把西北方流向東南方的氣留着，故坐北向南，水在東為最佳之局。

　唯現代衍化成門外右邊高或者有角為凶，屋內右邊高壓為凶，窗

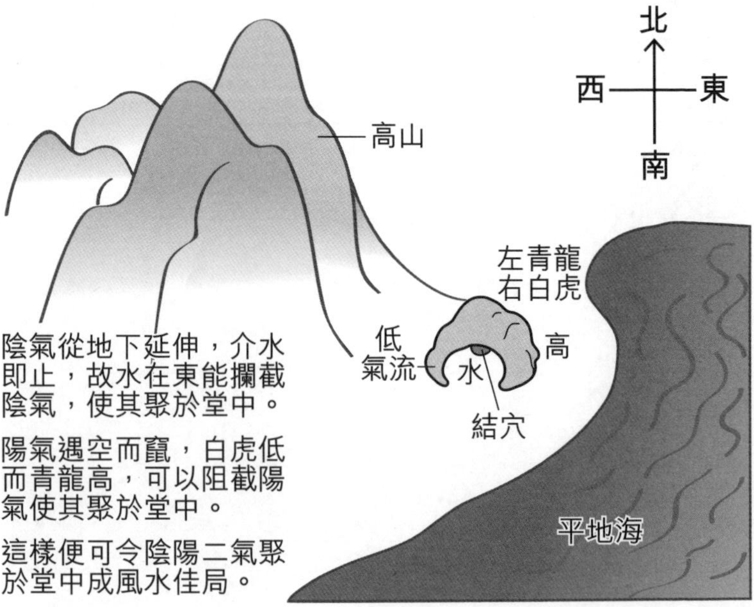

北
西
東
南
高山
左青龍
右白虎
低
氣流
水
高
結穴
平地海
陰氣從地下延伸，介水即止，故水在東能攔截陰氣，使其聚於堂中。
陽氣遇空而竄，白虎低而青龍高，可以阻截陽氣使其聚於堂中。
這樣便可令陰陽二氣聚於堂中成風水佳局。

外右邊有高聳建築物為凶，為白虎回頭，白虎張口，其實只因一些人亂把古代理論套於現代的建築物上，胡亂運用而致。

其實堪察窗外或大門外實無需理會其南北或左右，就察看外面有否形煞便可，有則化之擋之，室內則運用八宅飛星去佈局便可，根本無需理會左吉右凶這些硬道理。

四獸——青龍、白虎、朱雀、玄武，其實還有勾陳。青龍為東，朱雀為南，白虎為西，玄武為北，勾陳則代表中土。

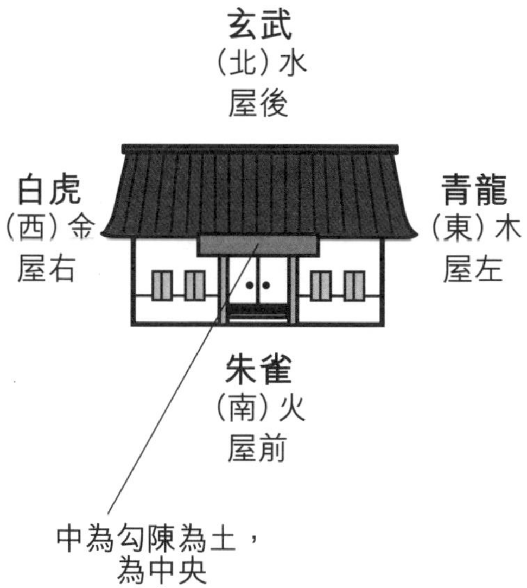

這古代四獸其實是古代廿八宿之縮影或代表，而古代屋宅以坐北向南為代表，試看古代皇宮大宅之佈局，都是子午為主，大門向午為午門、為主門，最具規模，且大多門前廣闊能容萬馬。

唯現代居室，即使是平房式的建築物，也不一定是坐北向南，前朱雀後玄武。唯很多人在風水習慣上不管大門方向為何，皆稱門前為朱雀，屋後為玄武，左邊為青龍，右邊為白虎，此乃現代風水學之謬誤矣，但亦可以說是他們用作屋的前後左右的代名詞也可。

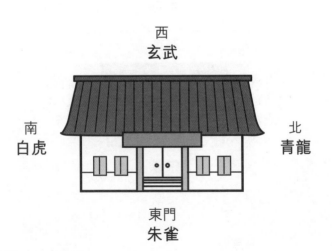

八宅法

古時八宅法是比較流行的，但清代以後玄空飛星及玄空大卦開始多人認識後，一般術者已經棄八宅法而不用，甚至乎覺得是古代傳於民間的偽學。

唯筆者從事陽宅風水四十年，堪宅不下近萬間，發現八宅法是有其一定用處的，雖然八宅吉凶位置不會因地運改變而有所變更，但這其實更合乎常理的，不論古代或現代，新屋入伙以後很少會因地運改變而重新裝修，而古代更是入住以後可能一百年都是維持原有佈局的。故可視八宅法為地盤，玄空飛星為天盤，地盤用以佈置家居的永遠佈局，而天盤則用以看地運及流年吉凶，故兩者是沒有矛盾的。

八宅方位

八宅是將三百六十度除以八，故每方位為四十五度，分為乾、坎、艮、震、巽、離、坤、兑八個屋宅。

八宅	門向及度數
乾宅	大門向東南（112.5-157.5 度）
坎宅	大門向南（157.5-202.5 度）
艮宅	大門向西南（202.5-247.5 度）
震宅	大門向西（247.5-292.5 度）
巽宅	大門向西北（292.5-337.5 度）
離宅	大門向正北（337.5-22.5 度）
坤宅	大門向東北（22.5-67.5 度）
兑宅	大門向正東（67.5-112.5 度）

知道宅向以後，便可計算出全屋之財位、桃花位、凶位及穩位，而最要注意的是凶位。

- **凶　位**：如在廚房容易引致全家人生病，其次是大門。如凶位落在房中，則只會影響居住在那房間的人。
- **財　位**：辦公室的財位有利財帛，但家中的財位則最有利健康。即使居住在風水不好的屋宅，睡在財位位置的人也能保住健康，故財位是全屋身體健康最有利的位置。
- **桃花位**：顧名思義，此方位最利桃花人緣，對單身的居住者絕對有利，而已婚者恐怕因桃花而化成男女關係而影響感情。但這當然不是絕對的，如男女雙方都是從事常接觸人的工作，這也是有利人緣的。
- **穩陣位**：穩穩陣陣，不論是用作房間、客廳、飯廳、書房等都是適宜的。
- **其他位置**：其他尚有四個位置兩吉兩平，但因其影響力較少，故不需要太過理會。

八個門向之吉凶位置

為使各位讀者更容易尋找，現將不同門向的財位、凶位、桃花位之位置列圖如下。

坎宅——

大門向南

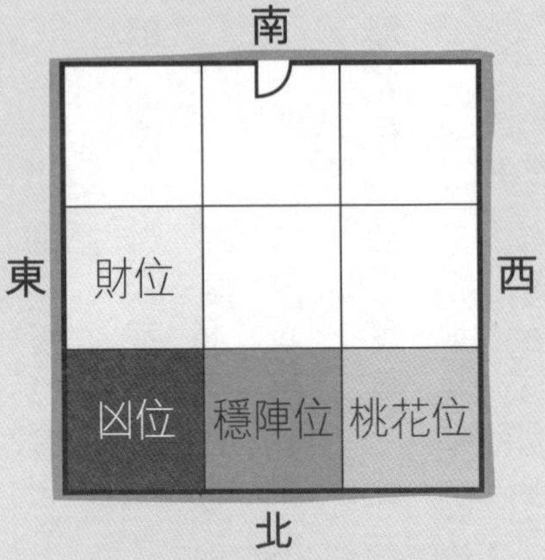

大門向南，桃花位在西北，財位在正東，凶位在東北。

艮宅——

大門向西南

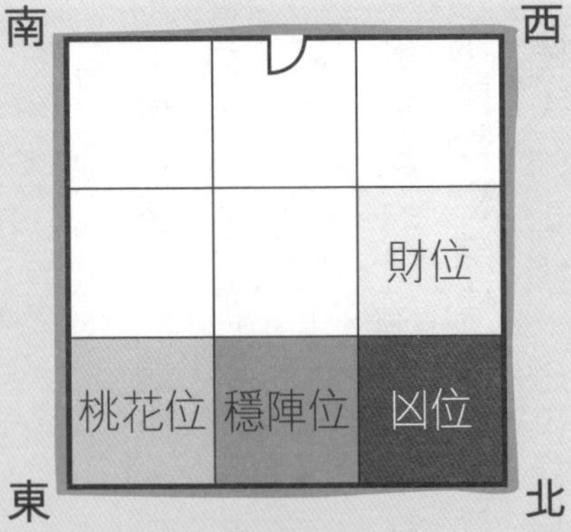

大門向西南，桃花位在正東，財位在西北，凶位在正北。

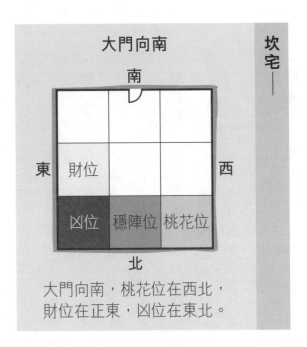

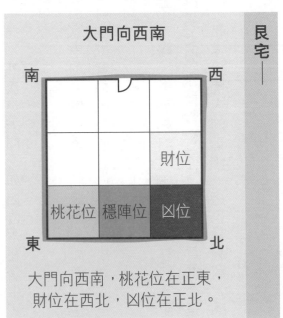

震宅——

大門向西

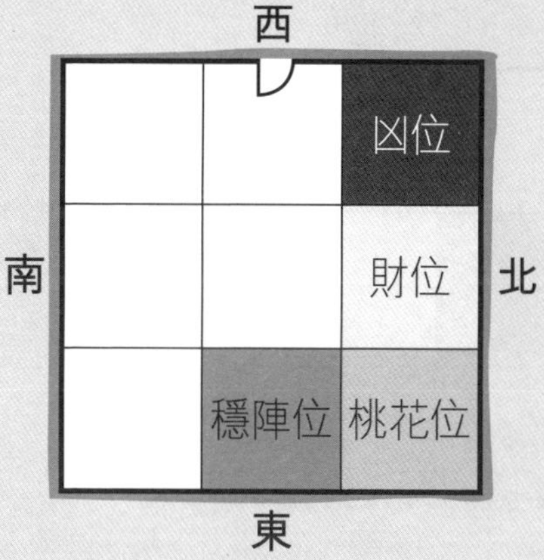

大門向西，桃花位在東北，
財位在正北，凶位在西北。

巽宅——

大門向西北

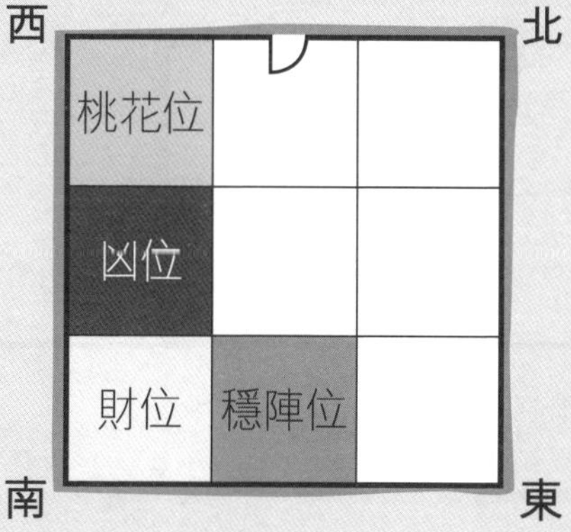

大門向西北，桃花位在正西，
財位在正南，凶位在西南。

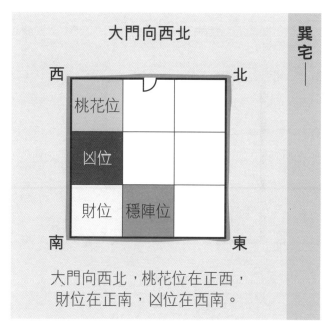

離宅——

大門向北

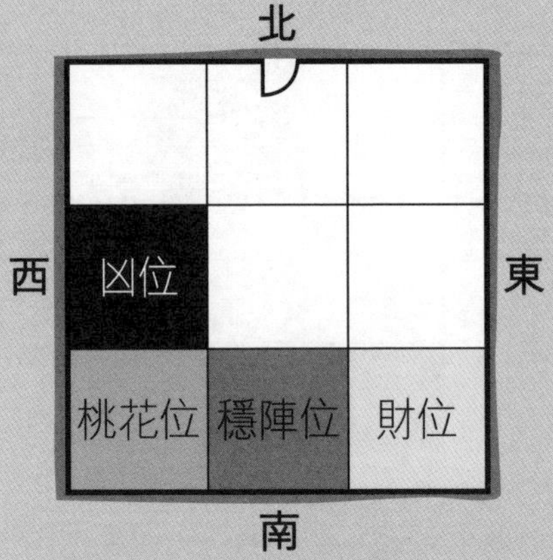

大門向北，桃花位在西南，
財位在東南，凶位在正西。

坤宅——

大門向東北

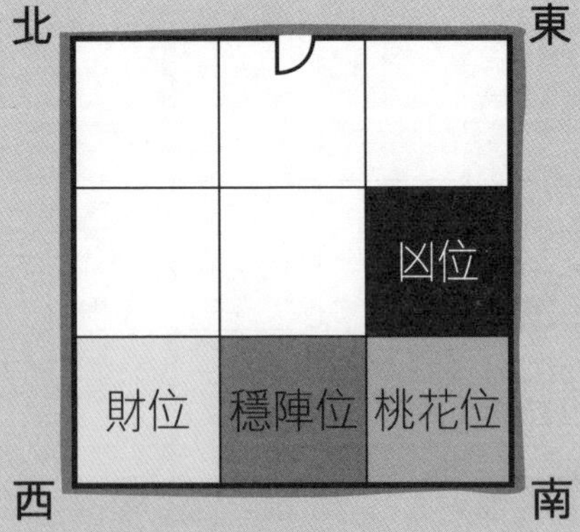

大門向東北，桃花位在正南，
財位在正西，凶位在東南。

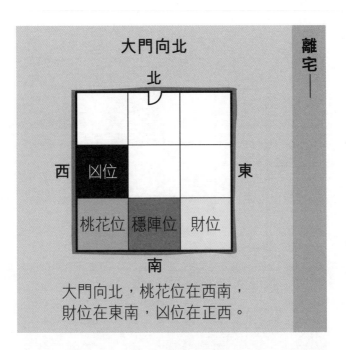

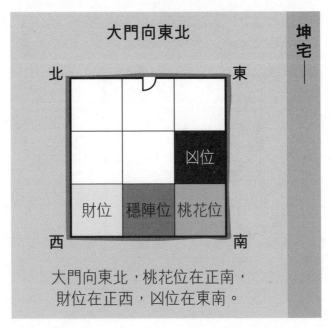

有了上述資料以後，便可以進行佈局。

兌宅——

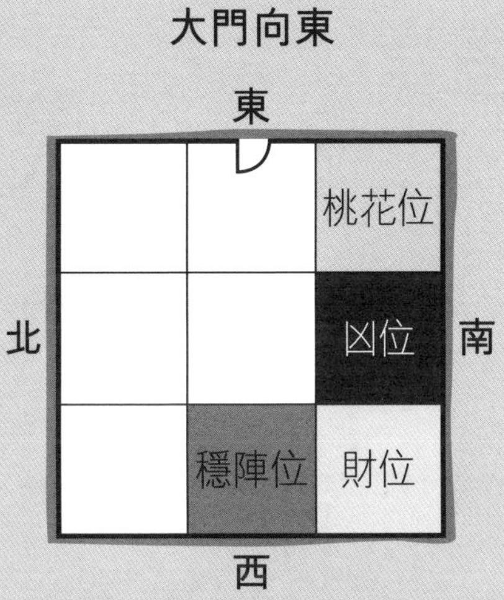

大門向東，桃花位在東南，財位在西南，凶位在正南。

乾宅——

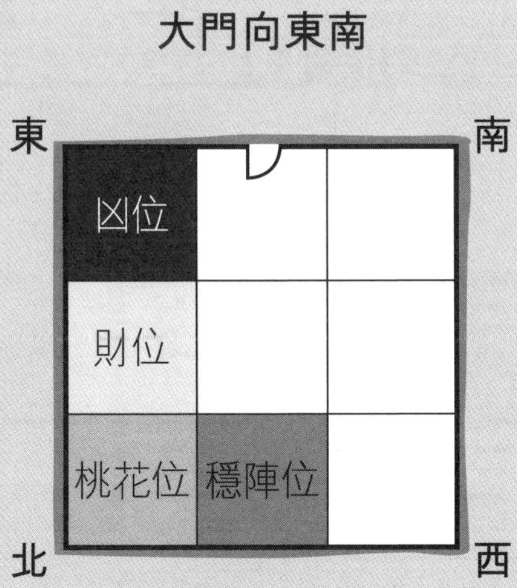

大門向東南，桃花位在正北，財位在東北，凶位在正東。

例——

坐北向南（坐子向午），八運為旺財不旺丁局，凶位五鬼在主人房。

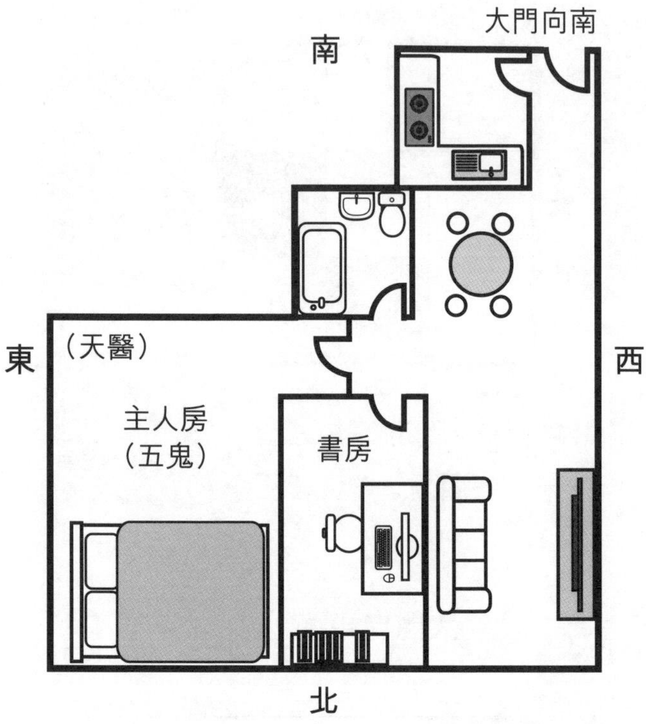

☴ 生氣	☲ 延年	☷ 絕命
☳ 天醫		☱ 禍害
☶ 五鬼	☵ 伏位	☰ 六煞

九宮飛佈（生旺煞洩死）

九宮飛佈，此法是偽法的機會最大。唯筆者看風水時真的見過人用此法，說灶位向凶位，要把煮食爐拆掉，否則會禍患無窮，會引致家庭不睦，故要請我上門堪察，以解他們夫妻間的爭執。我的建議最簡單的就是把爐灶安向及告訴他們灶位的方向並非重點，即使不放心，其實也可以把灶向移位，這就可以解決問題了。

九宮飛佈（即生、旺、殺、洩、死）基本知識

一、五行生剋

生——金生水，水生木，木生火，火生土，土生金。

剋——金剋木，木剋土，土剋水，水剋火，火剋金。

數字代表——一水、二土、三木、四木、五土、六金、七金、八土、九火。

南

	4	9	2	
東	3	5	7	西
	8	1	6	

北

數字走向——中宮到西北，西北到正西，正西到東北，東北到正南，正南到正北，正北到西南，西南到正東，正東到東南，東南回到中宮。

二、生旺煞洩死——以中宮對八方

生——吉方，生我者為生，如土生金，我為金；生我者為土，而金見土為「生」，土見火為生，火見木為生等等。

旺——吉方，相同者為旺，如土見土，金見金，水見水等。

煞——凶方，剋我者為煞，如我是土，見木為煞，木見金為煞，金見火為煞。

洩——凶方，我生者為洩，如我是木，見火為洩，火見土為洩等等。

死——凶方，我剋者為死，如我是木，見土，土為我剋，故土為死；我是土，見水為死；我是水，見火，水剋火而火為死等等。

宅向——如八宅一樣，以坐方為宅。如大門向南，坐方為北為坎宅；大門向西，坐方為東為震宅。

三、各宅的八中數字

乾宅——坐西北大門向東南「6」入中
坎宅——坐北向南「1」入中
艮宅——坐東北向西南「8」入中
震宅——坐東向西「3」入中
巽宅——坐東南向西北「4」入中
離宅——坐南向北「9」入中
坤宅——坐西南向東北「2」入中
兑宅——坐西南東「7」入中

乾宅——「6」入中然後依數字走向，依次西北為「7」，正西為「8」，東北為「9」，正南為「1」，正北為「2」，西南為「3」，正東為「4」，東南為「5」。

然後再以中宮與其他八方相比，便可以得出八方的生旺煞洩死。

乾宅——正東為死，東南為生，正南為洩，西南為死，正西為生，西北為旺，正北為生，東北為煞。

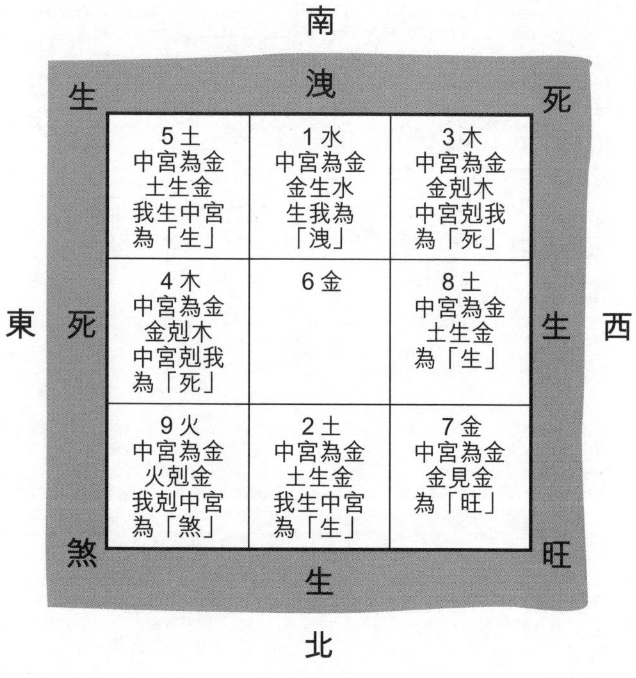

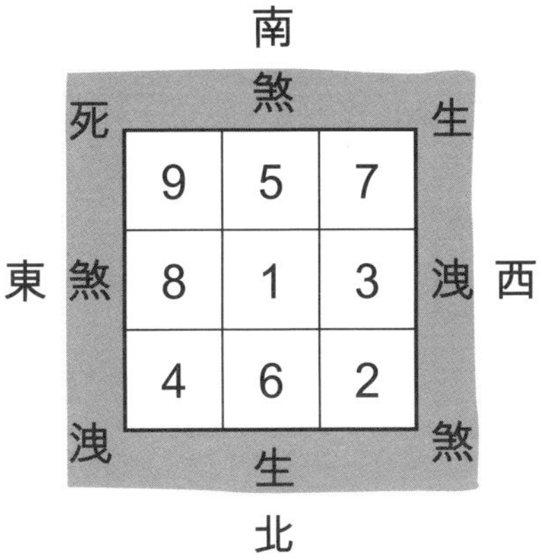

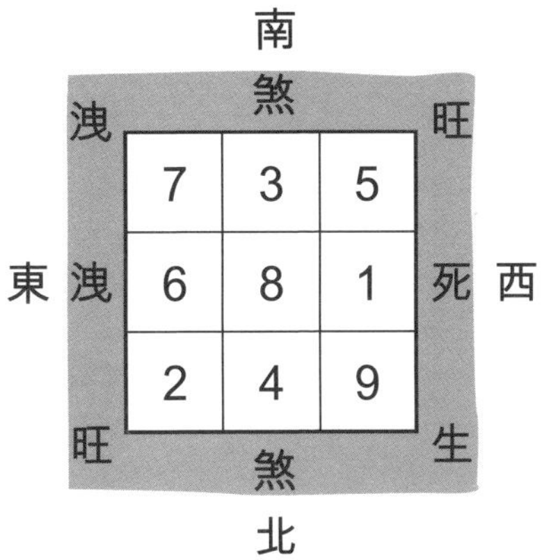

四、其餘各宅的生旺煞洩死

坎宅——坐北門向正南

從上圖得知，八個方位只有正北、西南為生方，其餘六個方位皆為煞洩死之凶方。

艮宅——坐東北門向西南

從上圖得知西南、東北為旺方，西北為生方，其餘五方為煞洩死凶方。

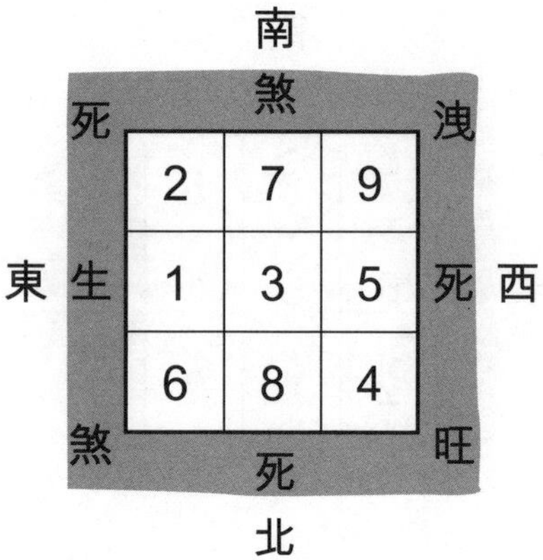

震宅——坐正東門正西

從上圖得知，西北為旺方，正東為生方，其餘六方為煞洩死凶方。

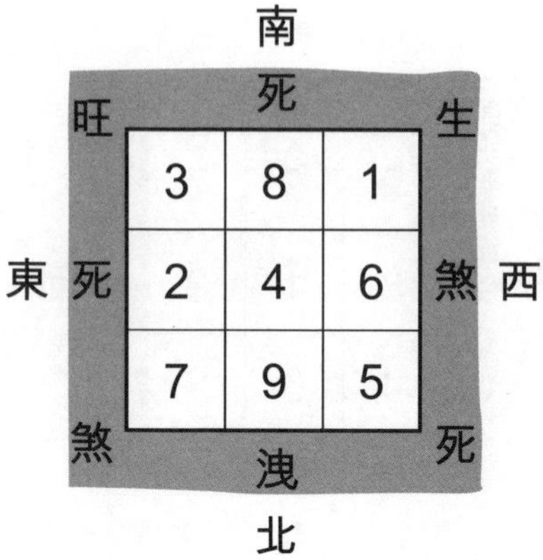

巽宅——坐東南門向西北

從上圖得知，西南方為生，東南方為旺，其餘六方為煞洩死凶方。

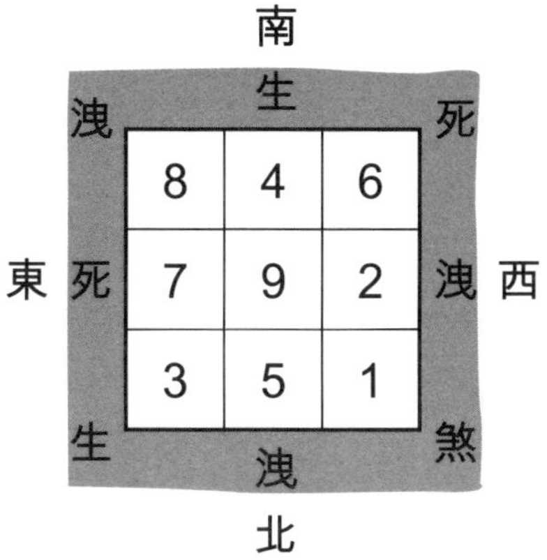

離宅——坐南門向北

從上圖得知，正南方為生，東北方為生，其洩六方為煞洩死凶方。

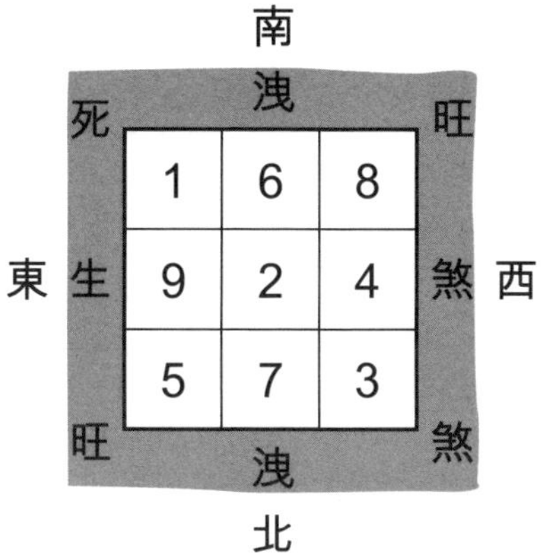

坤宅——坐西南門向東北

從上圖得知，正東方為生，西南及東北方為旺，其餘五方為煞洩死凶方。

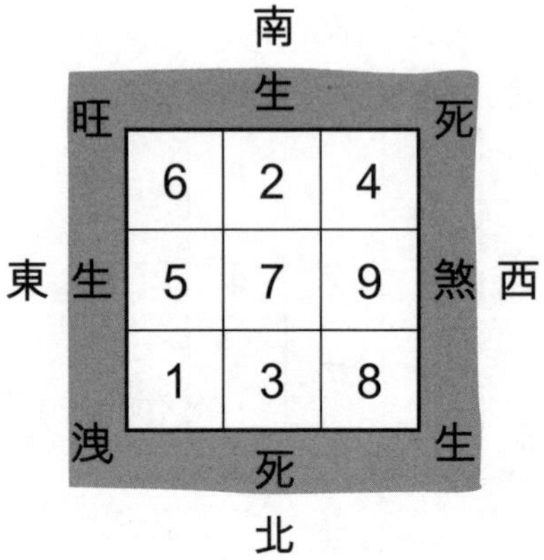

兑宅——坐正西門向正東

從上圖得知，正東、正南及西北方為生，東南方為旺，其餘四方為煞洩死凶方。

從上八局得知，一般凶方會較多，而吉一般在四個以下，有時八方只有兩個吉方，此實在不合風水理論，更可進一步確認「生、旺、煞、洩、死」是杜撰出來的假風水。而這假風水可能也發現這流弊，故又把方向生旺方定為永遠吉方，其用法是：睡牀、爐灶等一定要向生旺方，忌向煞洩死，筆者也曾見過有風水師把客人的牀不合理地斜放以迎合之。

例一：巽宅——坐東南門向西北

此局西南方下牀，這坐東北向西南稱之為坐煞迎生，為佳局。

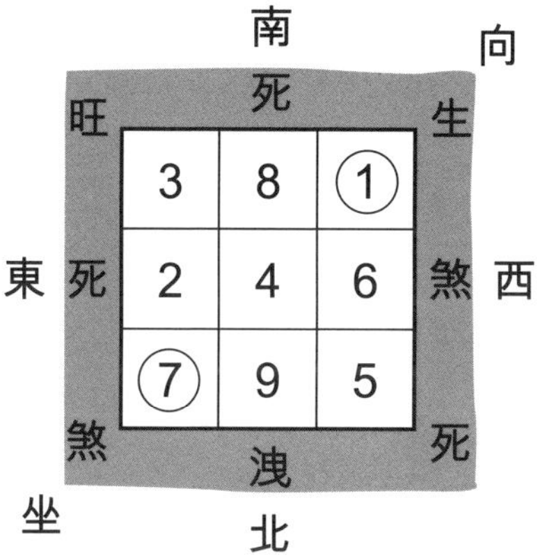

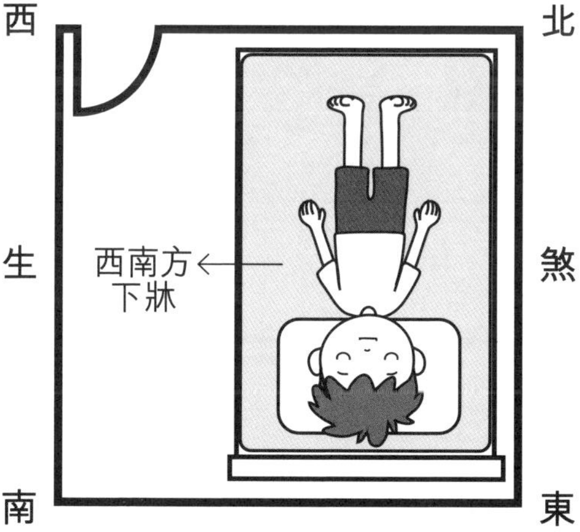

坐煞迎生

例二：坤宅——坐西南門向東北

此局東北方下牀為坐旺迎旺，上佳之局。

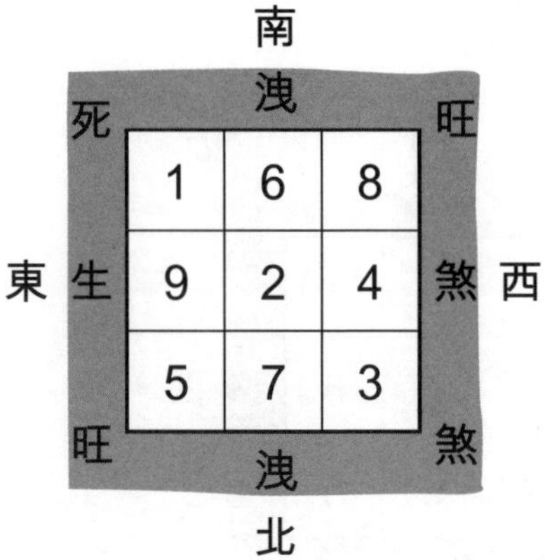

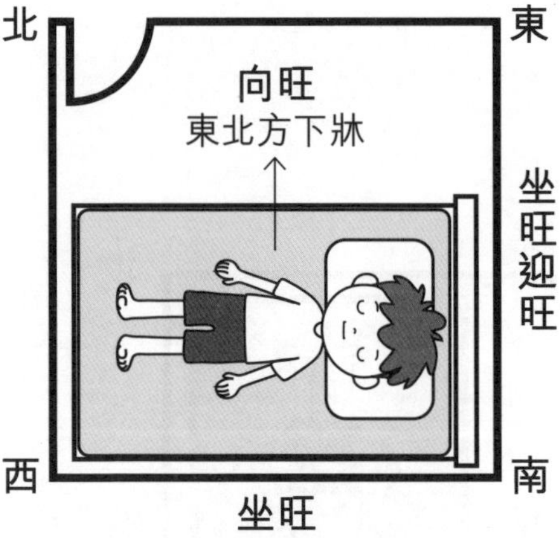

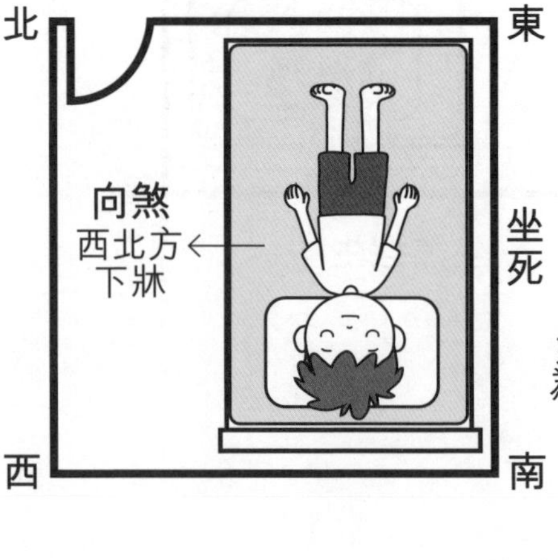

如這樣西北下牀為「坐死迎煞」，為大凶之局

例三：兌宅——坐正西門向正東

此局南方下牀為坐死迎生，佳局；正西下牀為坐生迎煞凶局。

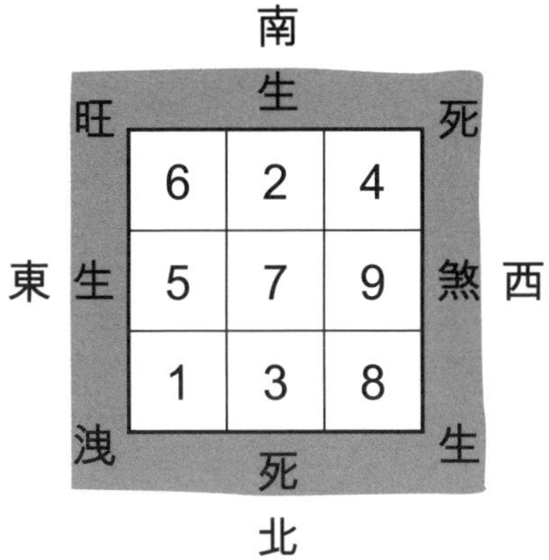

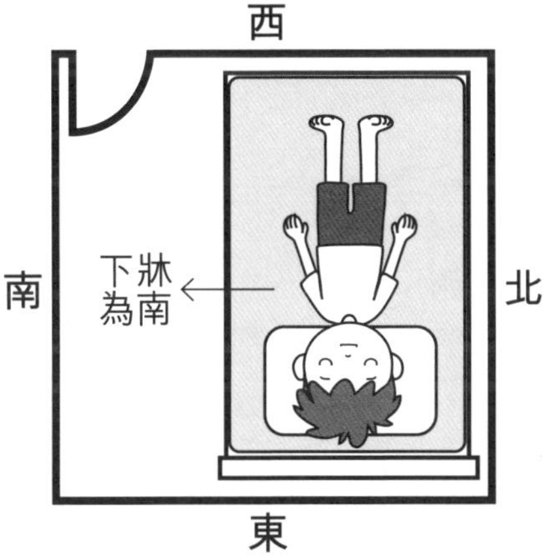

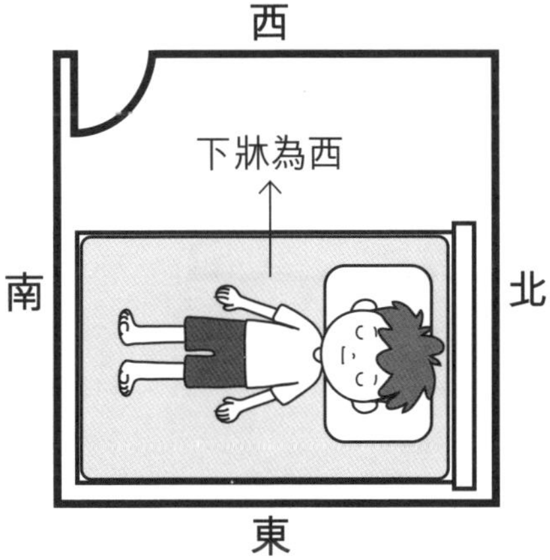

例四：震宅——坐正東門向正西

此局只有兩個吉方，一個是貼門放牀，向東為坐死迎生，但牀放門旁為風水大忌，故只能選擇牀向西北，變成這樣放牀，這是筆者真實見過的，所以此套風水以前相信的人可能不少，因為簡單易學。

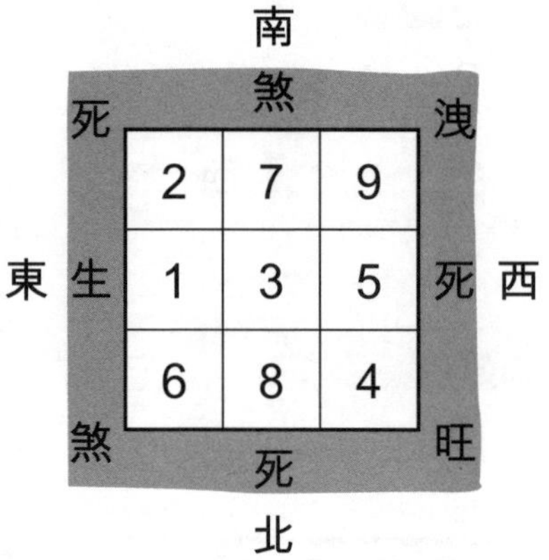

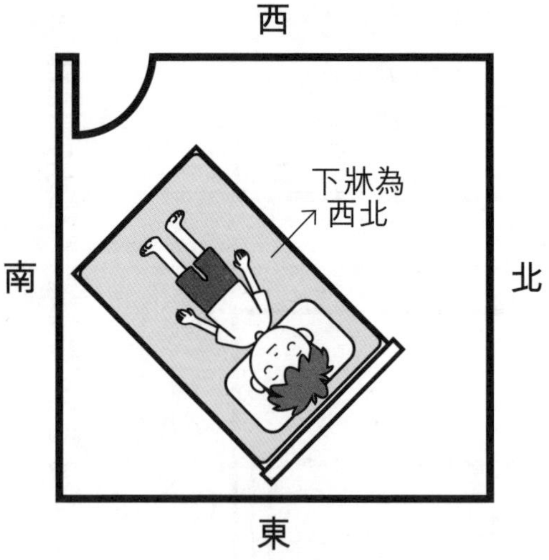

又此生旺煞洩死以物物一太極之方法，無論睡牀，爐灶或是沙發都要向生旺方，故有時擺放的位置會很意想不到的。

生旺煞洩死為了要完整地杜撰，還發明了其口訣，現將口訣詳例如下：

坐生迎生，高貴至尊；坐生迎旺，富貴雙全；

坐生迎煞，名成招嫉；坐生迎洩，誹訪頻頻；

坐生迎死，名死身死。

坐旺迎生，先富後貴；坐旺迎旺，財源廣進；

坐旺迎煞，富招盜賊；坐旺迎洩，櫃桶穿窿；

坐旺迎死，富後身死。

坐煞迎生，名揚四海；坐煞迎旺，利達八方；

坐煞迎煞，惡有惡報；坐煞迎洩，精氣消耗；

坐煞迎死，定生絕症。

坐洩迎生，先賤後貴；坐洩迎旺，先敗後發；
坐洩迎煞，窮而遇賊；坐洩迎洩，一貧如洗；
坐洩迎死，失血而死。
坐死迎生，賤極遇貴；坐死迎旺，窮極致富；
坐死迎煞，手術開刀；坐死迎洩，鼻咽癌症；
坐死迎死，死路一條。

以上之訣聽之已知道是無稽至極，稍有些智慧的也必知道是無用假訣，唯社會上竟有人以此教學，延誤蒼生。

屋運與地運吉凶

九宮飛星——一運至九運之吉凶方位

三元九運飛星法之屋運主要分成四組——

（一）旺財旺丁；

（二）旺財不旺丁；

（三）旺丁不旺財；

（四）損財傷丁。

屋運

（一）旺財旺丁

旺財旺丁局值九十分，一半利身體人緣，一半利錢財，不論做生意或收入穩定的上班族都適宜居住，尤以一家大小、有老有嫩的家庭為甚。

簡而言之，人口眾多者最適宜選擇旺財旺丁的房子。

（二）旺財不旺丁

旺財不旺丁局值七十五分，全是對財運所給之分數，對身體並無幫助，適合年青、收入不穩、自僱及從商人士居住，於財源有利。

至於身體方面，則可佈一個旺身體局以加至八十分。

（三）旺丁不旺財

旺丁不旺財局值五十分，全是對身體、人緣、人際關係的分數，適合上班收入穩定一族、從事公職或退休人士居住。

財運方面，可佈催財局，令整體格局加至七十分。

（四）損財傷丁

損財傷丁局不但無分，還要倒扣，因為此局對身體與財運皆無幫助，不宜久居。

然而，萬一已經入住，上班一族可佈一個特別旺身體局，從而令分數變成零分，不用負分；而收入不穩定的自僱從商者則要細看風水流年，如遇上入財流年還可以住下去，但遇上漏財年就最好走為上策。

地運旺衰方向

知道上述四種不同的格局後，便要進一步尋找每一個地運的不同旺衰方向。為使讀者容易尋找，現先將每個不同方位的指南針度數列出如下：

正北	壬── 337 ½ 度至 352 ½ 度 子── 352 ½ 度至 7 ½ 度 癸── 7 ½ 度至 22 ½ 度
東北	丑── 22 ½ 度至 37 ½ 度 艮── 37 ½ 度至 52 ½ 度 寅── 52 ½ 度至 67 ½ 度
正東	甲── 67 ½ 度至 82 ½ 度 卯── 82 ½ 度至 97 ½ 度 乙── 97 ½ 度至 112 ½ 度
東南	辰── 112 ½ 度至 127 ½ 度 巽── 127 ½ 度至 142 ½ 度 巳── 142 ½ 度至 157 ½ 度
正南	丙── 157 ½ 度至 172 ½ 度 午── 172 ½ 度至 187 ½ 度 丁── 187 ½ 度至 202 ½ 度
西南	未── 202 ½ 度至 217 ½ 度 坤── 217 ½ 度至 232 ½ 度 申── 232 ½ 度至 247 ½ 度
正西	庚── 247 ½ 度至 262 ½ 度 酉── 262 ½ 度至 277 ½ 度 辛── 277 ½ 度至 292 ½ 度
西北	戌── 292 ½ 度至 307 ½ 度 乾── 307 ½ 度至 322 ½ 度 亥── 322 ½ 度至 337 ½ 度

三元甲子（近一百八十年之代表年份）

上元	一運──一白水（二〇四四年至二〇六三年） 二運──二黑土（二〇六四年至二〇八三年） 三運──三碧木（二〇八四年至二一〇三年）
中元	四運──四綠水（一九二四年至一九四三年） 五運──五黃土（一九四四年至一九六三年） 六運──六白金（一九六四年至一九八三年）
下元	七運──七赤金（一九八四年至二〇〇三年） 八運──八白土（二〇〇四年至二〇二三年） 九運──九紫火（二〇二四年至二〇四三年）

一至九運吉凶方向

找到大門方位以後，便可按每一運飛星的不同方向去找尋適合自己的房子，為使讀者易於尋找，現將一運至九運不同坐向的飛星列出如下：

註：山即坐方，為向門大門向出方向。

四運（一九二四年至一九四三年）——二十四山，山向飛星

子山午向——雙星到山，旺丁不旺財局

癸山丁向——雙星到山，旺丁不旺財局

丑山未向——上山下水，損財傷丁局

艮山坤向——旺山旺向，旺財旺丁局

寅山申向——旺山旺向，旺財旺丁局

甲山庚向——旺山旺向，旺財旺丁局

卯山酉向——上山下水，損財傷丁局

乙山辛向——上山下水，損財傷丁局
辰山戌向——雙星到向，旺財不旺丁局
巽山乾向——雙星到山，旺丁不旺財局
巳山亥向——雙星到山，旺丁不旺財局
丙山壬向——雙星到山，旺丁不旺財局
午山子向——雙星到向，旺財不旺丁局
丁山癸向——雙星到向，旺財不旺丁局
未山丑向——上山下水，損財傷丁局
坤山艮向——旺山旺向，旺財旺丁局
申山寅向——旺山旺向，旺財旺丁局
庚山甲向——旺山旺向，旺財旺丁局
酉山卯向——上山下水，損財傷丁局
辛山乙向——上山下水，損財傷丁局

戌山辰向——雙星到山，旺丁不旺財局
乾山巽向——雙星到向，旺財不旺丁局
亥山巳向——雙星到向，旺財不旺丁局
壬山丙向——雙星到向，旺財不旺丁局

五運（一九四四年至一九六三年）——二十四山，山向飛星

子山午向——旺山旺向，旺財旺丁局
癸山丁向——旺山旺向，旺財旺丁局
丑山未向——旺山旺向，旺財旺丁局
艮山坤向——上山下水，損財傷丁局
寅山申向——上山下水，損財傷丁局
甲山庚向——上山下水，損財傷丁局
卯山酉向——旺山旺向，旺財旺丁局

乙山辛向——旺山旺向，旺財旺丁局
辰山戌向——旺山旺向，旺財旺丁局
巽山乾向——上山下水，損財傷丁局
巳山亥向——上山下水，損財傷丁局
丙山壬向——上山下水，損財傷丁局
午山子向——旺山旺向，旺財旺丁局
丁山癸向——旺山旺向，旺財旺丁局
未山丑向——旺山旺向，旺財旺丁局
坤山艮向——上山下水，損財傷丁局
申山寅向——上山下水，損財傷丁局
庚山甲向——上山下水，損財傷丁局
酉山卯向——旺山旺向，旺財旺丁局
辛山乙向——旺山旺向，旺財旺丁局

戌山辰向——旺山旺向，旺財旺丁局
乾山巽向——上山下水，損財傷丁局
亥山巳向——上山下水，損財傷丁局
壬山丙向——上山下水，損財傷丁局

六運（一九六四年至一九八三年）——二十四山，山向飛星

子山午向——雙星到向，旺財不旺丁局
癸山丁向——雙星到向，旺財不旺丁局
丑山未向——上山下水，損財傷丁局
艮山坤向——旺山旺向，旺財旺丁局
寅山申向——旺山旺向，旺財旺丁局
甲山庚向——旺山旺向，旺財旺丁局
卯山酉向——上山下水，損財傷丁局

乙山辛向——上山下水，損財傷丁局
辰山戌向——雙星到山，旺丁不旺財局
巽山乾向——雙星到向，旺財不旺丁局
巳山亥向——雙星到向，旺財不旺丁局
丙山壬向——雙星到向，旺財不旺丁局
午山子向——雙星到山，旺丁不旺財局
丁山癸向——雙星到山，旺丁不旺財局
未山丑向——上山下水，損財傷丁局
坤山艮向——旺山旺向，旺財旺丁局
申山寅向——旺山旺向，旺財旺丁局
庚山甲向——旺山旺向，旺財旺丁局
酉山卯向——上山下水，損財傷丁局
辛山乙向——上山下水，損財傷丁局

戌山辰向——雙星到向，旺財不旺丁局
乾山巽向——雙星到山，旺丁不旺財局
亥山巳向——雙星到山，旺丁不旺財局
壬山丙向——雙星到山，旺丁不旺財局

七運（一九八四年至二〇〇三年）——二十四山，山向飛星

子山午向——雙星到山，旺丁不旺財局
癸山丁向——雙星到山，旺丁不旺財局
丑山未向——雙星到向，旺財不旺丁局
艮山坤向——雙星到山，旺丁不旺財局
寅山申向——雙星到山，旺丁不旺財局
甲山庚向——上山下水，損財傷丁局
卯山酉向——旺山旺向，旺財旺丁局

乙山辛向——旺山旺向，旺財旺丁局
辰山戌向——旺山旺向，旺財旺丁局
巽山乾向——上山下水，損財傷丁局
巳山亥向——上山下水，損財傷丁局
丙山壬向——雙星到山，旺丁不旺財局
午山子向——雙星到向，旺財不旺丁局
丁山癸向——雙星到向，旺財不旺丁局
未山丑向——雙星到山，旺丁不旺財局
坤山艮向——雙星到向，旺財不旺丁局
申山寅向——雙星到向，旺財不旺丁局
庚山甲向——上山下水，損財傷丁局
酉山卯向——旺山旺向，旺財旺丁局
辛山乙向——旺山旺向，旺財旺丁局

戌山辰向——旺山旺向，旺財旺丁局
乾山巽向——上山下水，損財傷丁局
亥山巳向——上山下水，損財傷丁局
壬山丙向——雙星到向，旺財不旺丁局

八運（二〇〇四年至二〇二三年）——二十四山，山向飛星

子山午向——雙星到向，旺財不旺丁局
癸山丁向——雙星到向，旺財不旺丁局
丑山未向——旺山旺向，旺財旺丁局
艮山坤向——上山下水，損財傷丁局
寅山申向——上山下水，損財傷丁局
甲山庚向——雙星到山，旺丁不旺財局
卯山酉向——雙星到向，旺財不旺丁局

乙山辛向——雙星到向，旺財不旺丁局
辰山戌向——上山下水，損財傷丁局
巽山乾向——旺山旺向，旺財旺丁局
巳山亥向——旺山旺向，旺財旺丁局
丙山壬向——雙星到向，旺財不旺丁局
午山子向——雙星到山，旺丁不旺財局
丁山癸向——雙星到山，旺丁不旺財局
未山丑向——旺山旺向，旺財旺丁局
坤山艮向——上山下水，損財傷丁局
申山寅向——上山下水，損財傷丁局
庚山甲向——雙星到向，旺財不旺丁局
酉山卯向——雙星到山，旺丁不旺財局
辛山乙向——雙星到山，旺丁不旺財局

戌山辰向——上山下水，損財傷丁局
乾山巽向——旺山旺向，旺財旺丁局
亥山巳向——旺山旺向，旺財旺丁局
壬山丙向——雙星到山，旺丁不旺財局

九運（二〇二四年至二〇四三年）——二十四山，山向飛星

子山午向——雙星到山，旺丁不旺財局
癸山丁向——雙星到山，旺丁不旺財局
丑山未向——雙星到向，旺財不旺丁局
艮山坤向——雙星到山，旺丁不旺財局
寅山申向——雙星到山，旺丁不旺財局
甲山庚向——雙星到向，旺財不旺丁局
卯山酉向——雙星到山，旺丁不旺財局

乙山辛向——雙星到山，旺丁不旺財局
辰山戌向——雙星到山，旺丁不旺財局
巽山乾向——雙星到向，旺財不旺丁局
巳山亥向——雙星到向，旺財不旺丁局
丙山壬向——雙星到山，旺丁不旺財局
午山子向——雙星到向，旺財不旺丁局
丁山癸向——雙星到向，旺財不旺丁局
未山丑向——雙星到山，旺丁不旺財局
坤山艮向——雙星到向，旺財不旺丁局
申山寅向——雙星到向，旺財不旺丁局
庚山甲向——雙星到山，旺丁不旺財局
酉山卯向——雙星到向，旺財不旺丁局
辛山乙向——雙星到向，旺財不旺丁局

戌山辰向——雙星到向，旺財不旺丁局
乾山巽向——雙星到山，旺丁不旺財局
亥山巳向——雙星到山，旺丁不旺財局
壬山丙向——雙星到向，旺財不旺丁局

一運（二〇四四年至二〇六三年）——二十四山，山向飛星

子山午向——雙星到向，旺財不旺丁局
癸山丁向——雙星到向，旺財不旺丁局
丑山未向——雙星到山，旺丁不旺財局
艮山坤向——雙星到向，旺財不旺丁局
寅山申向——雙星到向，旺財不旺丁局
甲山庚向——雙星到山，旺丁不旺財局
卯山酉向——雙星到向，旺財不旺丁局

乙山辛向——雙星到向，旺財不旺丁局
辰山戌向——雙星到向，旺財不旺丁局
巽山乾向——雙星到山，旺丁不旺財局
巳山亥向——雙星到山，旺丁不旺財局
丙山壬向——雙星到向，旺財不旺丁局
午山子向——雙星到山，旺丁不旺財局
丁山癸向——雙星到山，旺丁不旺財局
未山丑向——雙星到向，旺財不旺丁局
坤山艮向——雙星到山，旺丁不旺財局
申山寅向——雙星到山，旺丁不旺財局
庚山甲向——雙星到向，旺財不旺丁局
酉山卯向——雙星到山，旺丁不旺財局
辛山乙向——雙星到山，旺丁不旺財局

戌山辰向——雙星到山，旺丁不旺財局
乾山巽向——雙星到向，旺財不旺丁局
亥山巳向——雙星到向，旺財不旺丁局
壬山丙向——雙星到山，旺丁不旺財局

二運（二〇六四年至二〇八三年）——二十四山，山向飛星

子山午向——雙星到山，旺丁不旺財局
癸山丁向——雙星到山，旺丁不旺財局
丑山未向——旺山旺向，旺財旺丁局
艮山坤向——上山下水，損財傷丁局
寅山申向——上山下水，損財傷丁局
甲山庚向——雙星到向，旺財不旺丁局
卯山酉向——雙星到山，旺丁不旺財局

乙山辛向——雙星到山，旺丁不旺財局
辰山戌向——上山下水，損財傷丁局
巽山乾向——旺山旺向，旺財旺丁局
巳山亥向——旺山旺向，旺財旺丁局
丙山壬向——雙星到山，旺丁不旺財局
午山子向——雙星到向，旺財不旺丁局
丁山癸向——雙星到向，旺財不旺丁局
未山丑向——旺山旺向，旺財旺丁局
坤山艮向——上山下水，損財傷丁局
申山寅向——上山下水，損財傷丁局
庚山甲向——雙星到山，旺丁不旺財局
酉山卯向——雙星到向，旺財不旺丁局
辛山乙向——雙星到向，旺財不旺丁局

戌山辰向——上山下水，損財傷丁局
乾山巽向——旺山旺向，旺財旺丁局
亥山巳向——旺山旺向，旺財旺丁局
壬山丙向——雙星到向，旺財不旺丁局

三運（二〇八四年至二一〇三年）——二十四山，山向飛星

子山午向——雙星到向，旺財不旺丁局
癸山丁向——雙星到向，旺財不旺丁局
丑山未向——雙星到山，旺丁不旺財局
艮山坤向——雙星到向，旺財不旺丁局
寅山申向——雙星到向，旺財不旺丁局
甲山庚向——上山下水，損財傷丁局
卯山酉向——旺山旺向，旺財旺丁局

乙山辛向——旺山旺向，旺財旺丁局
辰山戌向——旺山旺向，旺財旺丁局
巽山乾向——上山下水，損財傷丁局
巳山亥向——上山下水，損財傷丁局
丙山壬向——雙星到向，旺財不旺丁局
午山子向——雙星到山，旺丁不旺財局
丁山癸向——雙星到山，旺丁不旺財局
未山丑向——雙星到向，旺財不旺丁局
坤山艮向——雙星到山，旺丁不旺財局
申山寅向——雙星到山，旺丁不旺財局
庚山甲向——上山下水，損財傷丁局
酉山卯向——旺山旺向，旺財旺丁局
辛山乙向——旺山旺向，旺財旺丁局

戌山辰向——旺山旺向，旺財旺丁局
乾山巽向——上山下水，損財傷丁局
亥山巳向——上山下水，損財傷丁局
壬山丙向——雙星到山，旺丁不旺財局

需要注意的是，計算地運時並非以樓宇的落成年期去計算，而是以搬進去的年期計算。也就是說，不論樓宇何時落成，皆以你入住的年份去計，如一九六四至一九八三年入住為六運屋、一九八四至二〇〇三年入住為七運屋、二〇〇四至二〇二三年入住為八運屋。

事實上，房屋得以轉地運只有三個因素，第一是轉了業權，第二是換了煮食爐，第三是換了大門，所以各位如果住進一間適合自己的房屋而又不想地運出現改變，那在裝修前便要三思了。

例如，如果你在二〇〇四年後入住了一間旺財旺丁的房子，想一直住到老，那你便要準備在二〇二三年前將要翻新的部分先行加以翻新，二〇二四年後就不要動了，尤其是大門及爐灶，這樣即使二〇二四至二〇四三年踏進九運，你的居所依然可以以八運計算而不會自動變成九運屋。另外，即使在二〇二四到二〇四三年這廿年間進行一些小的翻新工程，只要不動到大門與煮食爐，同樣也不會轉了九運屋。

轉屋運——七運轉八運，八運轉九運

其實計算屋運是不需要以房子何時落成去推算。現代不同古代，古代房子買賣並不活躍，可能祖輩蓋好的房子，子孫輩會一直住下去，可以數十年以至數百年，故推算時才要計算何時落成。而屋運短則廿年，長則一百六十年，詳細方法在我的《風山水起理氣篇》已有論述。

現代人遷居是很普遍的，可能三、五年便會搬遷，故屋運方面因居住的已不是同姓，而又無血緣關係，故根本無需理會當初建好時何年入伙及何人居住。

如果是買的房子，則需要用自己買入時入伙居住的時間計算，如二〇一三年買入，一四年開始居住，便計算為八運樓，即使樓宇建成的時間是一九七三年，也不會以六運計算。

租住房子方面，則用業主買入的年期去計算地運，除非近期業主換了煮食爐或大門，才會轉成新一個地運。例如二〇一六年買入的房子為八運樓，如二〇二四年後換了煮食爐或自己居室的大門，便會變換成九運樓。

古代轉地運方法

因古時大宅，是一姓一家居住，如屋運行盡時，古書記載的方法是把屋頂鑿開一個大洞，曝曬三天，然後擇一個日子，把灶台拆掉，再丟棄於十字路口中。後者趁無人發現時還可以偷偷去做，但前者，除非住的是獨立別墅，又或者是頂樓的屋才有可能，如果住大樓或多層單位，即使打天花鑿穿也是別人的房子，都不知道要鑿多少層才見到陽光，所以即使這辦法是真的，現代房屋也不可能做到。

而我提出的方法——換煮食爐或是換大門，是經過多年驗證，確實可行的。但仍有些固步自封的前輩說，那有這麼簡單，還說除非是把屋頂鑿穿，曝曬三天，否則不可能改到地運。

然，不知道他們試過鑿開他人房子的天頂未呢？如試過，又鑿過多少間去驗證呢？

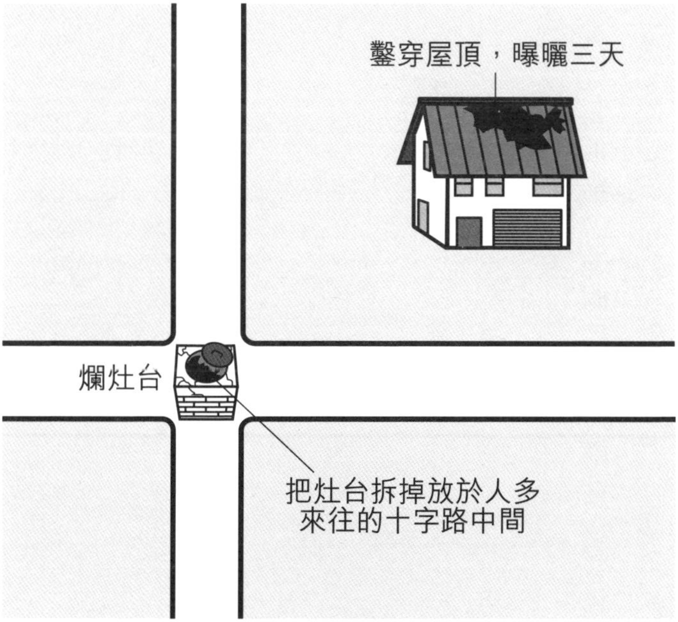
鑿穿屋頂，曝曬三天
爛灶台
把灶台拆掉放於人多
來往的十字路中間

古書提供之轉屋運方法

現代轉屋運方法

（一）換業權；（二）換掉煮食爐；（三）換家中大門

寫字樓轉地運方法

（一）把寫字樓舊招牌拆去，換上新招牌；（二）換了老闆

宅命相配

命卦方面，不論八宅或飛星都有其命卦的。

飛星命卦

在「風水合婚」篇已經有圖表去查看。飛星命卦用法與合婚篇稍有不同，因合婚篇如遇上五，男用坤卦，女用艮卦；而飛星則計算出來是一就是一白命，五就是五黃命，七就是七赤命，故得出一至九的任何號碼就是自己的飛星命卦。

現再將九星代表詳列：
一白水、二黑土、三碧木、
四綠木、五黃土、六白金、
七赤金、八白土、九紫火

八宅命卦

從合婚表得出五的話，男命是坤「☷」卦，女命是艮「☶」卦。

現將八卦命卦詳列如下：

一「☵」坎卦、二「☷」坤卦、三「☳」震卦、四「☴」巽卦、
五無卦無方向，男用坤「☷」，女用艮「☶」、
六「☰」乾卦、七「☱」兌卦、八「☶」艮卦、九「☲」離卦。

飛星八宅各有其宅命相配的用法，一般以卦的相生為佳，相剋為凶，但這也是流於理論，因不論八宅也好，飛星也好，都會出現「生、旺、煞、洩、死」的謬誤情況，總是生旺位較少，煞洩死之為多，即使用八宅配以四吉方、四凶方，也會有四個方向不能為用。如再配上東四命配東四宅，西四命配西四宅的話，則只有二分之一的房子適合居住；而二分之一的房子又只有二分之一的方位可以用，如果夫妻、子女各自有東西四命則更是無屋可住。

故發明此理論的人又要自圓其說，說門口不配合可以用灶去配合，如灶不配合則以主人房門口去配合，那不難變成人人皆可配合。既然如此，何必要配東西四命呢？因此不論飛星或八宅，我都不會用自身命卦或飛星所屬去配合家居風水，所以堪察家居風水時，只要用獨立的飛星八宅吉凶方位去計算，然後再配以自己八字喜好的方位及顏色去佈置便可。

家居環境、格局、擺設吉凶

屋之光暗、聚陰

屋之光暗

中國人常説屋以光猛為佳，但其實這不是必然的，因要跟個人喜好與及性格不同去配合。如喜歡光猛的人，屋企燈光太暗會覺得無安全感，會渾身不自在；相反，如果喜歡燈光較暗又或者較柔和的人，燈光太過強烈也會覺得不舒服。

喜光者——一般亞洲人都較喜歡光猛的居屋，因為亞洲人很多都是鼻樑較低，這代表有時自信心不足及時會缺乏安全感，屋內燈光太暗會加強這種感覺。但如果鼻樑高直的人，很多時沒有這種感覺，反而有時較陰暗或柔和的燈光會覺得較為舒服。

喜暗者——一般歐美人士鼻樑較高，這代表陽氣較盛，如果居室再配以強烈的燈光會有過陽之象，感覺會不太自在，故很多歐美人士的居室大多燈光較陰暗，甚至客廳並無主燈。

唯歐美人士也有鼻子較細或鼻樑較低、鼻子偏短的，而這些人又可能會喜歡室內光線強烈一點。故屋之光暗沒有直接的好與壞，主要是要配合個人感覺。

總而言之，鼻樑較高、雙目有神的人不需要光猛的居室；反之，鼻形短小、鼻樑低、雙目無神者，如居室太過陰暗會缺乏安全感，感覺會不太自在。

過光過暗——過光為陽氣過盛，容易令人常處於緊張狀態；過暗為陰氣過盛，容易令人產生悲觀不安之心理。故居室無論個人喜歡光暗，但都不能過光或過暗。

三陽不照，聚陰

書云，三陽不照鬼打屋，又說室內聚陰易招陰邪，但這只說對了一半。古時人口不及現代社會之人口稠密，有些大宅獨立於整個人煙飄渺的土地，或山上，或樹林內，如果長期不見陽光（門窗皆見不到陽光），尤其是在林內，必然陰氣旺盛。

科學一點去解說，這些屋宅一定非常潮濕，細菌容易滋長，住在這些環境之下，人自然容易生病、悲觀，甚至抑鬱，因而產生幻覺的機會也大增。

唯現代城市地少人多，你想尋一處安靜之地也不容易，反而怕的是陽氣過盛，精神常處

於緊張狀態。即使窗戶看不見陽光又或者居室較為潮濕，亦可用燈光照明及用抽濕機、空氣淨化器等去保持室內的濕度平衡，故現代房屋不容易遇上聚陰之地，除非住在山林中或崛頭巷，四面高樓而自住屋宅矮細或在低層凹入之地才會陰氣較盛。

自住單位在低層
且陽光背向，也
處崛頭巷易聚陰

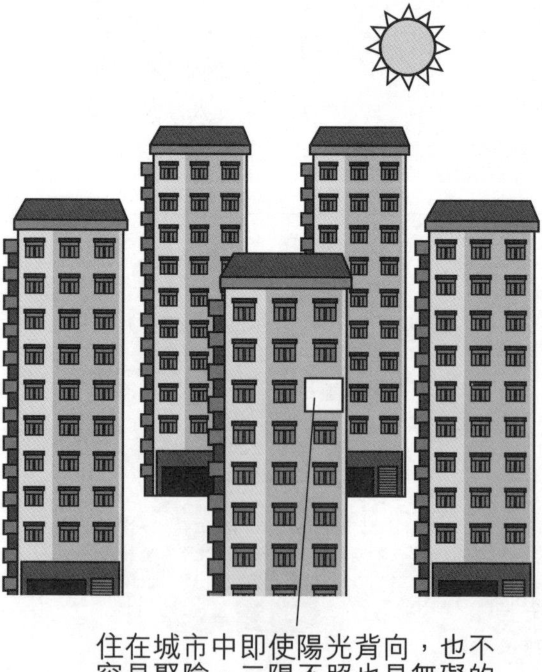

住在城市中即使陽光背向，也不
容易聚陰，三陽不照也是無礙的

室內缺角

室內缺角我已經解釋過無數次，唯初學者仍趨之若騖，當作金科玉律一樣，而我在網上媒體亦不知給人問過多少次，已經不想再解釋，唯有現在這篇不厭其煩地再說一遍。

室內缺角只是古代理論，實際之驗證不多，或者完全無經過驗證而純粹是理論而矣。因為蓋一間缺角的房屋一定比一間正方、長方型的房屋複雜及需要用更多金錢，所以古代缺角的房子一定不普遍。現代則不同，因人口稠密，不論蓋平房又或者多層式大屋，缺角開始普遍起來。而用古代的缺角理論應用在現代房屋便逐漸多起來，不只是一般群眾，甚至是從事風水業的術者也不經驗證而運用起來。

其實要驗證並不困難，因現代的多層式大廈，如果一個單位缺角，可能層層皆缺角，少則廿層，多則四、五十層。如乾位（西北）缺角，不利父親，總不可能同單位幾十層都父親早離或不利健康事業；又有說乾位為廚房的「火燒天門」亦不利男主人，如要驗證的話，可看看此大廈是否都缺了男主人又或者身體孱弱，事業潦倒，便可驗證此理論是否確切。

其實缺角可以無需理會，而現代房子很多時有三、四個位缺角也是常見的，所以如閣下居住在缺角的房子先不要驚慌及不安，除非大門方向不佳，否則是不會出現問題的。

古時的缺角理論是房子缺少那個角便會對缺角所代表的人及身體產生不良影響，現詳列如下——

乾（西北）代表——父親（爸爸及男主人）
兌（正西）代表——少女（三女）
離（正南）代表——中女（二女）
震（正東）代表——長男（大仔）
巽（東南）代表——長女（大女）
坎（正北）代表——中男（二仔）

艮（東北）代表——少男（三仔）

坤（西南）代表——母親（媽媽及女主人）

八卦代表身體部位可參看「太極與八卦」篇（24頁）。

窗外景物的風水影響

窗外或大門對垃圾站

不論平房或多層式大廈都會出現這情況，唯這個是關於衛生問題多於風水問題，然風水對居住環境內外都要兼顧的，所以也可以歸於風水學上。唯不論大門或窗外對正垃圾收集站，除了衛生問題外，其散發的氣味也必然令人不舒服及影響健康，這問題只能藉助現代的冷氣機、空氣淨化器等等去解決，除此之外，相信暫時別無他法。

距離方面，不論層數高低或距離遠近，嗅到氣味的叫氣味煞，嗅不到的亦要提防細菌滋生。

露台或窗外對着別人的神台

這個是常常被客人問到的問題，尤其是鄉村式房屋有一個大露台，有些人會把神位搬到露台上安放，剛好對着你的露台或窗戶，這情況也是常見的，但這其實是沒有問題的。

即使不同宗教，不同神祇，但以物物一太極的原理，各家各戶的風水基本上是獨立的，故不管住在多層式的大廈又或者鄉村平房，對着別家的神台不會產生不良影響，只要露台及窗外沒有煞氣，如電塔、獅子、貔貅、老虎，或掘地動土等便無需理會。

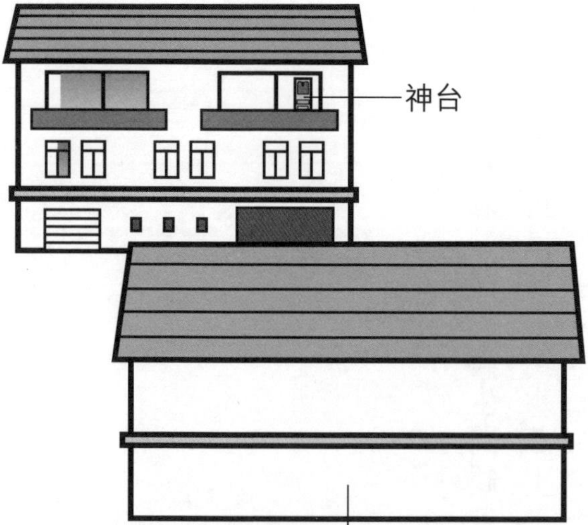

自己單位對着別人的神台是沒有影響的，除非有獅子、老虎、貔貅、電塔，或掘地工程等需注意

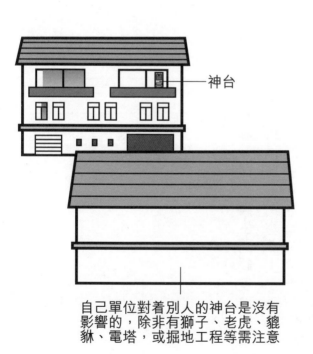

窗外對廁所

大門對廁所、房門對廁所、睡牀對廁所，在我很多書本都已經論述過其吉凶影響，現在不厭其煩再簡述一次。

大門對廁所：

這是風水大忌，最不利居住的女性，尤其是腎、膀胱、泌尿系統方面，容易有婦科病、子宮瘤，且難於受孕甚至出現假懷孕。

房門對廁所：

這問題較輕，已婚者或年紀較大者，也容易患上腎、膀胱、泌尿系統毛病，唯年輕未婚女性（四十歲以下）反而有利桃花，能加快其認識異性的機會，但到底桃花是好是壞就要看個人命運了。

而十二歲以下的小孩房門對廁所則特別有利人緣，在學校容易較受歡迎，這能增加其學習情緒。

睡房開門見廁所：

這也是不利的，其情況與大門對廁所相類似。

睡牀對廁所：

年輕及單身人士還可，如已婚或年紀稍大者，其壞處僅次於大門對廁所。大門對廁所容易對居住的所有人帶來壞影響，而睡牀對廁所則只對睡在房內的人有壞影響，而且帶來的影響較急，快則三數月，遲則三數年，大門對廁所一般則住上一段時間才會受到影響。而對男性的影響是體力下降，記性漸差，很多不為意的人還以為是年紀大了的影響，而不知道腎功能日漸下降。

窗外對着鄰屋的廁所：

這也是常被問及的問題，其影響是衞生方面，風水上採取物物一太極之法，如窗外對着鄰屋的廁所是沒有問題的。

窗外對公廁或者平房對公廁：

如果位置非常貼近，其衛生問題影響較大，其次才是身體腎臟問題，又容易惹爛桃花。

自己的單位近對公廁：

因公廁面積較大，且人來人往，除了衛生問題外，亦容易不利腎、膀胱、泌尿系統，其次亦容易惹爛桃花。

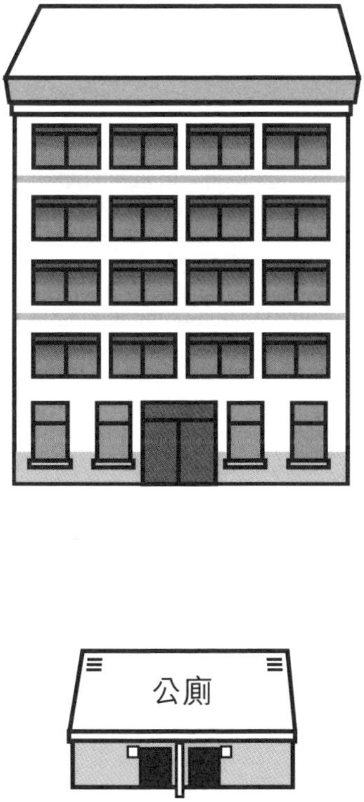

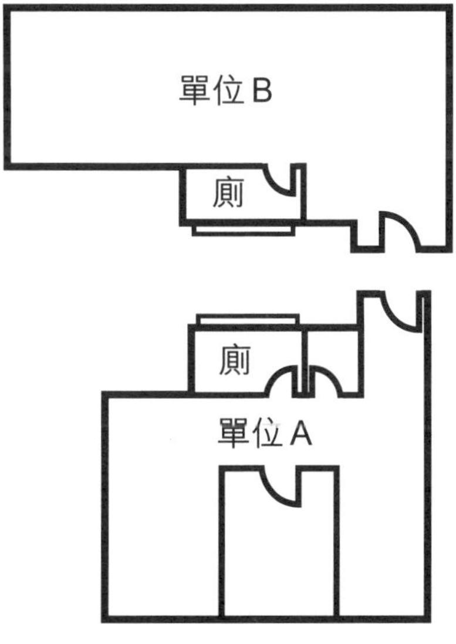

很多時家中的廁所會對着別人家中的廁所，且非常貼近，唯這只影響衛生，風水上是沒有影響的。

村屋或別墅對公廁：

其影響與窗外見公廁一樣，但因為可能較貼近，又大家處於同一個平面，必然較窗外見公廁的影響為大。

窗外對別人廚房

家中大門對廚房、廁所對廚房、睡房門對廚房都是風水大忌。廚房為火，代表燥、爭吵、皮膚敏感等毛病，尤以對廁所為最忌。

唯窗或露台對着別人的廚房，這是沒有問題的，因物物一太極，別人的廚房在別人的太極內，與你是無關的，唯油煙及衛生問題，則不在此風水之列。

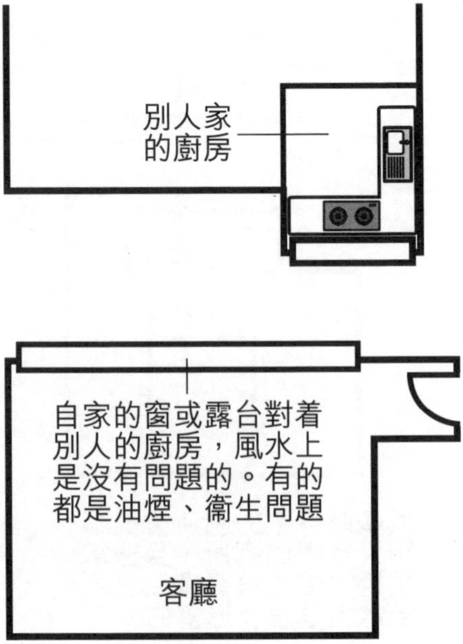
別人家的廚房
自家的窗或露台對着別人的廚房，風水上是沒有問題的。有的都是油煙、衛生問題
客廳

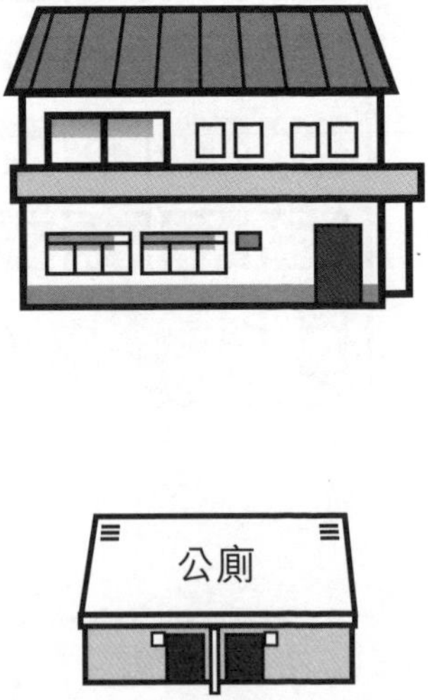
公廁

睡房樓上樓下是廚房或廁所

這在風水上是常見的，因有些人裝修把室內間隔作出改動，例如把原本的廚房或是廁所改成房間，而樓上及樓下沒有作出改動，自己的睡房便會夾在上下兩層的廚房或廁所當中。

有些風水師會說有不良影響，但其實樓下樓上的氣不會入侵到你住的樓層，故樓上樓下的廚廁即使在自己居住的睡房上下，也是無需顧忌的，否則就很難處理

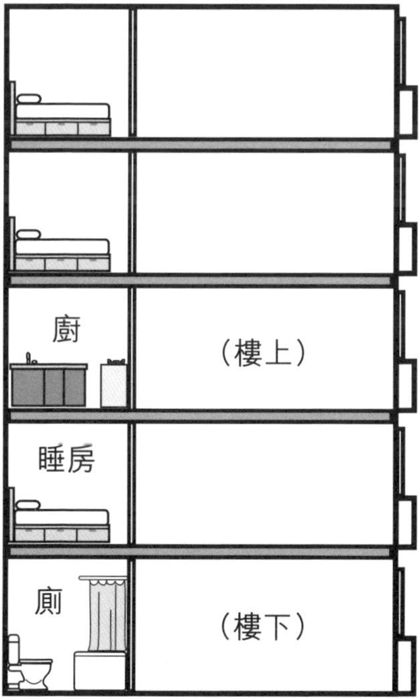

房間樓上樓下剛好是別家的
廚廁，這不會帶來不良影響

了。因為你入住自己的樓層時，怎知道樓上樓下有否作出間隔的改動，剛好把廚廁改到在你的睡房上下，總不能入住時要求到樓上樓下的居室先看一遍吧？

總之，自己房間的吉凶禍福，就參照自己居室的大門方向，以及流年病位爭吵位去定吉凶而加以化解便是了。

家中及辦公室書枱擺放的方法各有不同

辦公地方書枱一定要對門而坐，尤其是管理階層，因背門而坐容易出現陽奉陰違，下屬容易不聽使喚，甚至私下辦理與公司無關的事去增加自己的收入，除非從事設計或會計這等工作，則向門或背門而坐都問題不大。

又有人說不能背窗而坐，背後一定要靠牆壁，這也是不需要的。

試想一般大老闆坐的房門很多時候是轉角位，兩邊都是落地玻璃大窗，如果背靠牆壁很大機會變成背門而坐，故首要是向門，況且坐虛朝實名坐空朝滿，逢凶不凶，也是一個佳局。

辦公室書枱擺放方法：

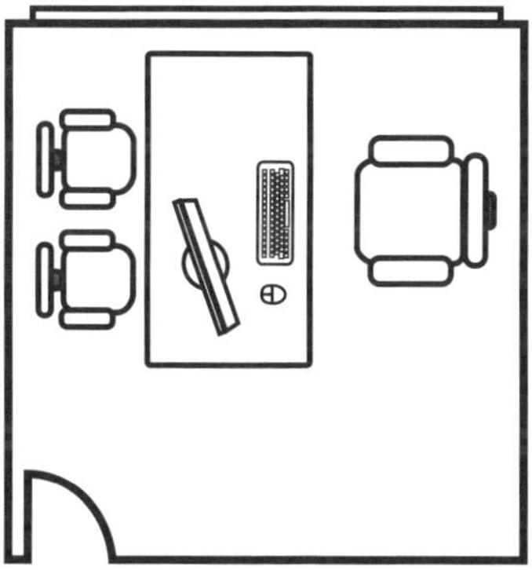

次佳

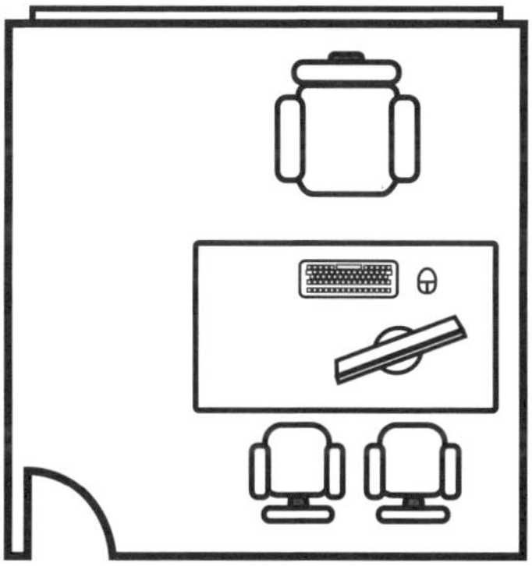

最佳

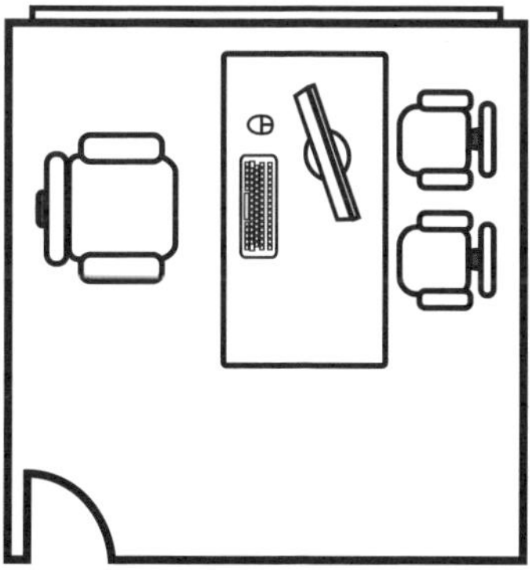

問題不太大

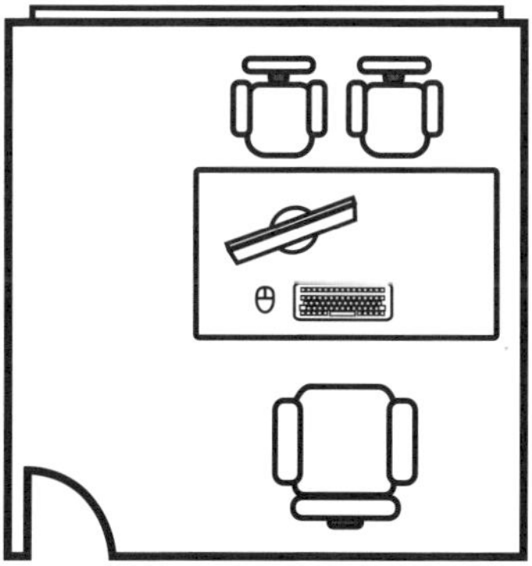

最差

但在家中擺放書枱則不用那麼講究，不論背門、向門、向牆、向窗都是可以的，即使在凶位內只要不是在家中辦公也是無所謂的。

如在家中辦公或是家中就是辦公地點，書枱則一定不可以在凶位內；如常要與人聯絡打關係的，最好是在桃花位；如很多時涉及金錢或投資的，最好是在財位，而其他穩位、吉位也是可以的。所以，家中辦公的書枱擺位，重點不在家中凶位便行。

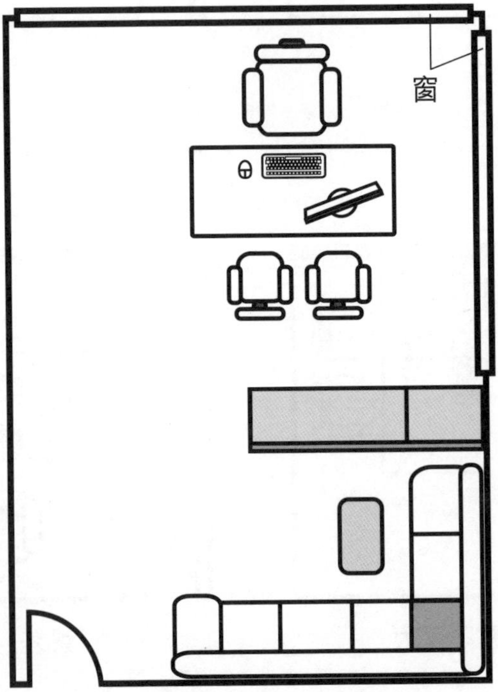

很多大老闆房都是背窗而坐的

家中書枱擺放方法（對門、背門都可）：

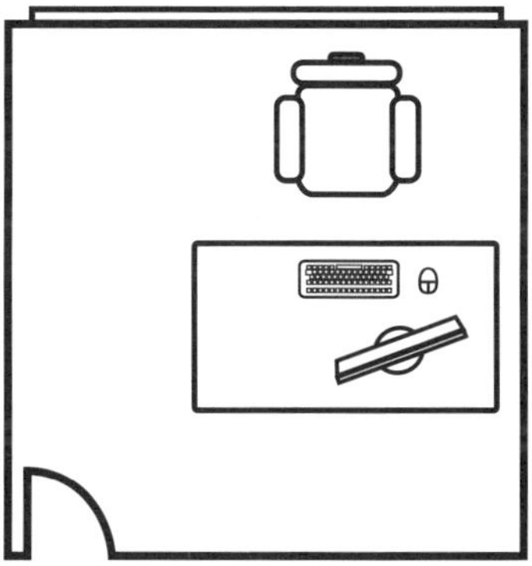

對門而坐

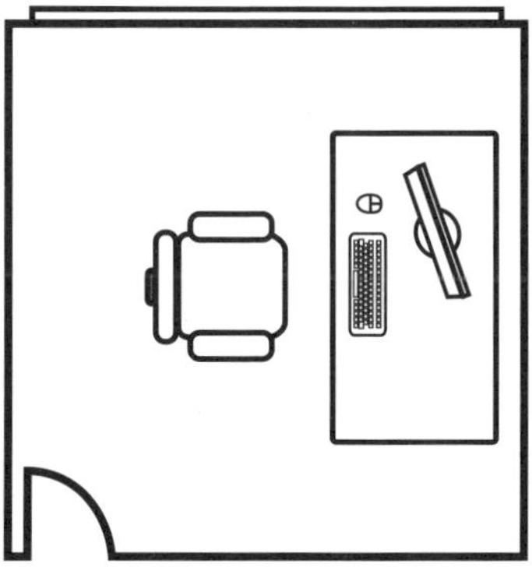

背門而坐

學風水研究理氣，勿過份走火入魔

走火入魔，簡單複雜化，世人總喜歡把簡單的事情複雜化，命理掌相面相如是，風水如是，他們總覺得理論愈複雜學問便愈高深。我們先不説風水，用命理來做例子，一般人還用旺強衰弱，從格化格，但算命的目的只有準不準，再高深的理論算起來不準也是廢而無用的。

故筆者把複雜的八字演變成寒熱命，很多人會嫌太過簡單而不服氣，總要用古法才甘心，置準與不準於不顧。而學習風水的很多風水迷，也喜歡把風水理論變得複雜，説筆者用的理論太過簡單。其實風水理氣，再複雜來來去去也是生剋制化，但偏偏有些習風水之士就不服氣，説哪有那麼簡單。

風水與八字相比，其生剋制化根本不可同日而語，一個八字四柱已經有八個五行，五十多萬變化，再加上大運、流年，成十二個字變化何止千萬。而風水來來去去就是九星、運星加山星向星流年星也變不出甚麼所以來，對熟習八字的人理氣根本是簡單容易不過，最複雜就只是四個五行，就算加上流月流日，甚至流時也都是那七個，有何複雜而言。

筆者在風水佈局一般都是用生剋制化，對筆者來說是簡單容易，例如鬥牛煞，就是三碧木與二黑土爭鬥成木土交戰，如用火化解便會變成木生火，火生土，生旺二黑病符而病星，這時便要用金去洩土制木，金制木而木不剋土，土有金洩而洩弱病星。

又如遇上二五疊臨，土見土旺，這時可用金來洩土，水來洩金，變成土生金，金生水，世人只知要避五黃二黑，甚至有風水師上電視時說，那一年五黃飛到他房間，那年他會搬房避五黃。但筆者想，一般家庭怎麼辦？一家五口可能住在三百呎的屋，只有一間或兩間房，怎搬？如果找他去看風水真是死得了。

其實二黑五黃每九年便有兩年會飛到大門、廚房及主人房，可說年年皆有機會，如飛到大門是否又要搬家呢？又有說五黃二黑不能用，不能做廚房、大門及睡房，但八運二五疊臨的房子比比皆是，剛好在門口的也不少。而筆者自二〇一〇年始便睡在山星二，向星五（又是八宅中的財位、健康位），二五疊臨的房間內至今，所以二五疊臨是常見的，亦非其他風水師所說的可怕。總之就用金洩土、水洩金便可以化解，二黑還好，因為是陰土，用金便可以洩，唯五黃是燥土，用金洩反而脆金，必要助之以水，方能洩土。

但一般習風水者其五行根底薄弱，根本不了解這些，便把二五疊臨說成洪水猛獸，又如三七穿心煞，這不外乎金木交戰而已，用水去化解使其金生水、水生木可也，怕生旺是非，用火去制金而金不剋木也可，唯生剋制化也要分緩急輕重；我一般會用水去化解，因損傷事大，是非是輕，故寧化損傷而不顧是非。

又如六七交劍煞，六七皆金，過剛則折，用水去洩金便可以了。

其他總總變化，多不枚舉，讀者自行領悟吧！

命、運、風水

命、運、風水，各司其職。

命如一個人的容器，其大小及容積，大概已定，有些人容器大，能裝多一點；有些人容器小，裝多一點也會溢出來，故貪多也無用。

而運即是一生人的高低起伏，簡單而言，等如每個人的際遇，有些人際遇佳，常常得貴人、朋友、家庭之助；有些人際遇一般，事事都事倍功半，成就都是靠自己親力親為去努力爭取。而至於容器能裝滿否，除了後天的運氣及個人努力外，周遭環境亦非常重要，有時有決定性的影響。

風水除了個人居室及辦公地方外，國家、地區的地運，也對人有着不能改變的影響。如自己在行運中，但整個城市的運氣正在逆轉，必然像逆水行舟，即使能衝破逆境，成就比其他人佳，但也不免要打些折扣。相反，人在逆運中，但遇着社會在急速發展中，亦能藉地運之助，讓逆境也比較容易渡過，甚至還能有些微進展。

又如同一八字，生於不同城市，也有絕對性的影響，男女性別也是，故人生在地球及宇宙中，其個人命運是渺小的，大部分人都是受着大環境影響，這是半點不由人的。故命運的推斷，其準確度是依照正常軌跡去判斷，唯大圍的風水對個人的影響有着不能逆轉的吉凶影響。風水除了一般人所在的居室及辦公室外，國家、地區、城市的風水對個人影響可能更大。

唯風水只可以說是對命、運起着間接性的影響，人的自我軌跡還是會按着自己的命運前進，順時宜攻，逆時宜守。如果攻守得宜，可以把自己的容器裝滿，否則容器有多大也無用。

總而言之，命運佔人生的影響大概七成，而風水、積德、讀書，佔人生之兩三成，故有些人說風水能改變命運，由貧到富，逆運能改變成順運，當聽到有人說這些時，你自己便要好好細想一下了。

風水謬誤與基本知識

作者
蘇民峰

責任編輯
周宛媚

造型攝影
Polestar Studio

美術設計
鍾啟善

插圖
木子

出版者
圓方出版社
香港北角英皇道 499 號北角工業大廈 20 樓
電話：2564 7511
傳真：2565 5539
電郵：info@wanlibk.com
網址：http://www.wanlibk.com
http://www.facebook.com/wanlibk

發行者
香港聯合書刊物流有限公司
香港新界荃灣德士古道 220-248 號荃灣工業中心 16 樓
電話：2150 2100
傳真：2407 3062
電郵：info@suplogistics.com.hk

承印者
中華商務彩色印刷有限公司
香港新界大埔汀麗路 36 號

規格
32 開（216mm X 142mm）

出版日期
二〇二〇年六月第一次印刷
二〇二四年七月第三次印刷

Published in Hong Kong, China by Forms Publications,
a division of Wan Li Book Company Limited.
Printed in China.
ISBN 978-962-14-7235-9

家宅風水基本法

增訂版

- 彙編逾八十個情景不同的真實案例；
- 以問答形式切入，剖析各種現代樓宇的風水實況；
- 公開揀選家宅和室內布置之法；
- 釋述各種典型的風水問題。